KB176760

LEAN HR

린 HR

LEAN HR

당신의 스타트업은 안녕하십니까

초판 1쇄 발행 2024년 2월 14일

지은이 이용훈 / **펴낸이** 전태호
펴낸곳 한빛미디어(주) / **주소** 서울시 서대문구 연희로2길 62 한빛미디어(주) IT출판2부
전화 02-325-5544 / **팩스** 02-336-7124
등록 1999년 6월 24일 제25100-2017-000058호 / **ISBN** 979-11-6921-197-0 03320

총괄 송경석 / **책임편집** 홍성신 / **기획** 홍성신 / **편집** 홍성신, 김수민
디자인 박정화 / **전산편집** 다인
영업 김형진, 장경환, 조유미 / **마케팅** 박상용, 한종진, 이행은, 김선아, 고광일, 성화정, 김한솔 / **제작** 박성우, 김정우

이 책에 대한 의견이나 오탈자 및 잘못된 내용에 대한 수정 정보는 한빛미디어(주)의 홈페이지나 다음 이메일로
알려주십시오. 잘못된 책은 구입하신 서점에서 교환해드립니다. 책값은 뒤표지에 표시되어 있습니다.

한빛미디어 홈페이지 www.hanbit.co.kr / **이메일** ask@hanbit.co.kr

지금 하지 않으면 할 수 없는 일이 있습니다.
책으로 펴내고 싶은 아이디어나 원고를 메일(writer@hanbit.co.kr)로 보내주세요.
한빛미디어(주)는 여러분의 소중한 경험과 지식을 기다리고 있습니다.

LEAN HR

린 HR

이용훈 지음

당신의 스타트업은 안녕하십니까

IB 한빛미디어
Hanbit Media, Inc.

추천사

밤이 되면 태국의 매끌렁 강둑에는 수 킬로미터에 이르는 거대한 녹색 형광 띠가 깜빡거립니다. 수십만 마리의 반딧불이가 만들어내는 불빛입니다. 조금 더 관찰해보면 반딧불이들이 마치 누군가의 지휘에 따르듯 일정한 주기로 깜빡이는 것을 알 수 있습니다. 도대체 무엇이 이들을 지휘하고 어떤 정교한 통신 수단이 있길래 이런 장관을 이루어내는 걸까요?

1917년 사이언스지에 이 현상이 소개된 이후 수십 년 동안 '착시일 뿐이다', '날씨 때문이다', '우연이다'와 같은 수많은 해석이 있었지만 최근 그 비밀이 밝혀졌습니다. 반딧불이가 다른 반딧불이로부터 신호를 받아 자신의 깜빡임 주기를 조정하고 동시에 또 다른 반딧불이에게 신호를 보내면서 결국 자기조직화를 통해 전체가 동조synchronization합니다. 무질서한 작은 진동자 집단이 서로 신호를 주고받으며 스스로 조정하다 보면 자연스럽게 정렬되며 조화가 생기는 것입니다.

스타트업의 구성원도 이 반딧불이들처럼 누군가의 지휘나 통제 아래 움직이는 것이 아니라 조직의 목표에 정렬되도록 스스로 판단하고 행동하는 자기조직화를 이루어야 합니다. 그리고 저자는 이런 조직이 되도록 지원하는 일이 스타트업 HR의 핵심이라고 이야기합니다. 두 번째지만 여전히 스타트업이 어려운 창업자이자 대표로서 이러한 저자의 통찰에 매우 동의합니다.

초기 스타트업은 사람 빼면 아무것도 없습니다. 초기 구성원들이 반딧불이처럼 미약할지라도 서로서로 신호를 주고받으며 자기조직화를 이뤄 목표에 정렬한다면 세상을 깜짝 놀라게 할 수 있습니다. 스타트업은 언제나 백척간두百尺竿頭에 놓여 있습니다. 여기서 한 걸음 나아갈 수 있느냐 없느냐가 성패를 좌우합니다. 신뢰하는 사람들과 함께라면 두려움 없이 진일보進一步할 수 있습니다. 그래봤자 한 걸음, 그래도 한 걸음, 팀과 함께.

REALIZER.AI 창업자/대표, 전 두나무 창업자/대표_이해일

소규모 인원으로 회사를 시작할 때는 HR의 중요성을 인지하기 어렵습니다. 그때는 열정이 체계를 대신하고 작은 규모가 평가와 합의를 쉽게 만듭니다. 하지만 회사가 성장할수록 사람에 관한 다양한 문제가 발생하고 창업 초기에 기댔던 방식은 더 이상 작동하지 않습니다. 이때부터 HR의 필요성이 절실해집니다.

이 책은 스타트업의 성장과 함께 찾아오는 필연적 고민을 다룹니다. 고찰이 필요한 사안을 질문 형태로 제시하고 말하듯 답변을 이어나가는 구성은 HR 전문가와 상담하는 느낌입니다. 그만큼 실용적인 내용도 많습니다. 사람과 조직에 대한 고민이 있을 때 이 책을 HR 전문가로 활용하길 바랍니다.

스틸리언 대표_박찬암

국내 다수 기업은 기존 대기업의 전통 HR 시스템을 '가장 성숙하고 진화한 형태'로 여겼을 뿐 아니라 이를 벤치마킹하여 오랜 기간 그 시스템을 유지했습니다. 그러나 2010년대 이후 국내외 테크 기업의 성공 사례가 많아지고 디지털 환경에 익숙한 세대가 노동시장에 진출하면서 전통적인 HR 시스템에도 변화의 바람이 불기 시작했습니다. 최근에는 AI, 휴머노이드 로봇이 산업 생태계 전반을 아우르면서 기존에 일하는 방식과 조직이 변화를 넘어 전복하고 있습니다. 이에 각 기업은 본질(해결하려는 과제)과 성격(일하는 방식과 환경, 구성원의 문화 등)에 부합하는 새로운 HR 시스템을 구축하기 위해 다양한 방식으로 시행착오를 반복하고 있습니다. 그러나 급변하는 기업과 조직 환경 속에서도 스타트업 경영인, HR 전문가, 직장인 모두가 참고할 만한 HR 전반을 다루는 가이드라인은 찾아보기가 힘듭니다.

이러한 상황에서 이용훈 저자의 『LEAN HR』을 만날 수 있어 개인적으로 반갑고 다행이라는 생각이 들었습니다. 저자의 다양한 경험과 깊은 고민, 영업 비밀이 상세히 녹아 있는 이 책을 통해 저뿐만 아니라 여러 스타트업이 균형 잡힌 가이드를 얻을 수 있겠다는 기대감 때문이었습니다. 많은 경영 구루가 강조하는 기업 경영의 핵심가치를 하나로 모아보면 결국 교집합은 '사람'입니다. 사람이 모인 법인이 건강하게 성장하고, 혁신하고, 유의미한 성과를 달성하려면 HR이 핵심이라는 의미입니다. 기업의 핵심을 다루는 이 책은 다양한 형태와 성격의 스타트업이 HR에 대해 깊이 고민할 수 있도록 여러 영역에서 시사점을 안겨줍니다.

핏펫 CFO_김환기

스타트업 특성상 HR을 미리 준비하기는 어렵습니다. 조직의 성장에 후행하여 체계를 갖추기라도 하면 다행이지만 대부분 일이 터지고 나서야 제도를 만듭니다. 이렇게 만든 제도는 조직과 상충하고 모두의 불만으로 이어집니다.

이 책은 이런 시행착오를 줄일 수 있게 돕습니다. HR을 구성하는 평가와 보상 체계, 조직의 구조, 조직문화, 채용 등의 유기성을 강조하고 그 원리를 설명합니다. 이 책을 정독하면 적어도 선진 회사의 제도나 정책을 맹목적으로 도입하는 실수를 범하지 않을 겁니다.

HR은 대표나 HR 팀만의 전유물이 아니라 회사의 비즈니스 목표를 달성하기 위한 수단 중 하나입니다. 리더라면 HR을 깊게 이해하고 비즈니스 파트너로서 HR을 활용할 수 있어야 합니다. 스타트업 리더가 읽을 만한 HR 서적이 마땅치 않았습니다. 이 책이 훌륭한 대안이 될 것입니다.

오늘의집 커머스 총괄_정운영

서문

남들이 보기에 불안하기 짝이 없는
선택과 이력이 무의미한 몸짓으로
남지 않고 지금의 책으로 보답받은
것 같아 기분이 좋습니다.

모두가 그러하듯 앞으로 얼마간의
삶도 고민 속에 부유하겠지만 모자
란 몇 자의 글들이 여러분의 불안과
고민을 덜어주었으면 하는 바람입
니다.

이용훈

들어가며

HR 일이라는 게 한마디씩 거들기 쉬워 진입장벽이 낮은 것처럼 느낄 수 있다. 그런데 막상 공부하려고 하면 마땅한 방법이 없다. 스스로 조각 모음을 하거나 좋은 HR 직무 담당자에게 조언을 구하는 것 말고는 딱히 대안이 떠오르지 않는다. 누구나 할 수 있는 것처럼 여겨지고 실제로 누구나 HR을 하고 있지만 '잘하는' HR 인재를 찾기란 쉽지 않다. 그래서 스타트업 구인 시장에서는 잘하는 HR 담당자 수요가 높아지고 있고 그들의 몸값 역시 오르고 있다.

HR 담당자 수요와 몸값이 높은 이유는 아직까지 참고할 만한 사례가 쌓이지 않아서다. 일반적으로 대기업이나 중견기업에서는 일하는 방식이 오랜 기간 고착화되어 과거 사례를 바탕으로 HR 문제를 해결하는 것이 어렵지 않다. 이에 반해 스타트업은 과거와 다른 환경에서, 다른 방식으로 일하기 때문에 과거의 사례로 HR 문제를 해결할 수 없다. 이로 인해 스타트업이 일하는 방식을 이해하고 그에 맞게 HR 직무를 수행할 수 있는 사람의 수요가 높아진 것이다. 다만 현 시장에는 이런 인재가 극히 드물고 적지 않은 경우 HR 전문가 호소인에 그치기 때문에 일종의 채용 사기를 당하기 십상이다.

어떤 문제를 해결하거나 궁금한 것이 있을 때 인터넷 검색을 활용하곤 한다. 이 같은 업무 방식이 잘못된 것은 아니다. 실제로 많은 돈을 들여 HR 컨설팅을 받는다 하더라도 HR 컨설턴트들 역시 인터넷 검색에 업무의 상당 시간을 투자할 것이니 말이다. 다만 인터넷에 나오는 스타트업 HR 정보는 제도적 현상에 치우친 것이 많고 전후 맥락을 파악하기에는 무리가 있다. 그래서 스타트업 HR이 참고할 만한 내용을 모아두면 좋지 않을까 하는 고민에서 출발한 것이 여기까지 이르게 되었다.

책의 목적을 거창하게 말하자면 일하기 좋은 스타트업이 많이 생겨나고 좋은 HR 직무 담당자가 늘어나서 성공하는 스타트업이 많아지길 바란다는 것이다. 아니, 최소한 잘못된 HR로 인해서 꽃을 피워보지도 못하고 지는 스타트업은 없었으면 좋겠다는 소박하지만 매우 어려운 목적을 가지고 글을 쓰게 되었다.

회사가 처한 환경 혹은 일하는 방식에 따라 HR 제도와 운영 방식이 달라져야 하기에 앞으로 다룰 내용이 모든 스타트업에 딱 맞는 정답이 될 순 없다. 하지만 성장하고 있는 또는 곧 생겨날 스타트업이 참고할 수 있도록 HR 전반의 이야기를 다뤄보려고 한다.

지금부터 진행할 HR 이야기는 에릭 리스가 쓴 『린 스타트업』이나 론 제프리스가 쓴 『The Nature of Software Development』 등에서 말하는 애자일_{agile} 조직이 일하는 방식을 전제로 한다. 워낙 유명한 책이라 이미 읽은 독자도 많을 것이다. 훌륭한 책을 단 몇 줄로 정리하는 것은 적절치 않아 직접적인 요약이나 리뷰는 생략한다. 비슷한 맥락으로 특정 사례를 다룰 때도 직접적으로 대상을 언급하는 것은 피하려고 한다. 내가 경험하지 못한 타사 사례의 경우 조직 밖에서는 알 수 없는 다른 제도와의 연계나 목적이 있을 수 있기 때문이다. 반면 직접 경험했던 사례는 주로 반면교사로 등장할 것이기 때문에 언급을 피해야만 한다.

이 책은 스타트업 HR이 운영되는 동기나 목적, 조직문화, 조직관리, 평가보상 제도, 채용 등 스타트업 HR 전반에 대해 이야기한다. 파격이라면 파격일 정도로 기존 HR이 전제하던 방식 혹은 일상적으로 활용하던 방식과는 다를 것이다. 재차 말하지만 일하는 방식과 그것을 지지하는 조직의 구조 혹은 조직 운영 방식이 다르기 때문이다.

최근 많은 스타트업이 앞서 언급한 『린 스타트업』이나 『The Nature of Software Development』 같은 책에서 제안하는 방식으로 일하고 있고 그런 조직이 지향해야 할 HR 제도를 설명하다 보니 마치 이것 외에는 선택지가 없는 것처럼 논의가 진행될 수 있다. 물론 반드시 이렇게 해야 한다는 것은 아니다. 일종의 가이드일 뿐 더 나은 대안이 있다면 얼마든지 응용해도 상관없다. 다만 하나의 부분이 달라지면 그 결과가 다른 요소에도 영향을 미치니 전체의 정합성은 다시 한번 챙겨보았으면 한다.

이 책을 가장 먼저 읽었으면 하는 독자가 있다. 바로 스타트업 창업자 내지 대표다. 회사의 HR 방향성을 결정하는 사람은 창업자(대표)이고 창업자의 지원이 없다면 HR 담당자도 아무런 변화를 만들 수 없다. 창업자가 봤으면 하는 또 다른 이유는 창업자가 스타트업 HR을 제대로 알지 못하면 어중이떠중이에게 세상 중요한 HR을 맡기는 불상사가 발생할 수 있기 때문이다. 뭐든 모르면 당하는 법이다.

둘째로 생각한 독자는 스타트업 HR 직무 담당자다. 누구 하나 천천히 가르쳐주는 사람 없고 천천히 배울 수 있는 시간 여유도 없기에 스타트업 HR은 어렵다(혹은 외롭다). 이 책으로 모든 요구를 충족하긴 어렵겠지만 스타트업 HR 전반을 그려보고 배울 수 있는 기회가 되었으면 한다. 핏이 맞아 있는 그대로 적용할 수 있다면 좋을 것이고 그렇지 않더라도 문제 해결 실마리 정도는 얻을 수 있을 것이다.

세 번째 독자는 대기업과 중견기업의 경영진과 HR 담당자다. 변화하는 환경과 시장에서 살아남으려면 배우고 공부해야 한다. 잠재적 혹은 실질적 경쟁자들이 어떤 식으로 일하고 HR을 관리하기에 이토록 빨리 성장하는지 알아야 무엇이라도 할 수 있지 않겠는가?

마지막은 어쩌면 처음 독자만큼 중요한 독자로 대한민국 모든 직장인이다. 어느 정도 경력이 쌓이면 누구나 한 번쯤 스타트업으로의 이직을 고민해보곤 한다. 일하는 환경을 바꾸고 싶은 것일 수도 있고 소위 말하는 대박을 노리는 것일 수도 있다. 그렇다고 무작정 옮기기에는 스타트업에서 잘 적응할 수 있을지 걱정이 앞선다. 완벽하지는 않더라도 스타트업에선 어떤 방식으로 일을 하고 있는지, 스타트업은 어떤 방식으로 운영되는지 이 책을 통해 간접적으로 경험할 수 있을 것이다.

그렇다. 결국 직장인이라면 모두가 읽어야 한다는 말이다.

Contents

추천사   004

서문   008

들어가며   009

1   HR

Q 당신의 HR 벤치마킹이 실패하는 이유   020

Q HR 영역에서 올바른 결정을 내리기 어려운 이유   028

Q 돈을 벌어다 주는 것도 아닌데 HR이 중요한 이유   034

2   스타트업 HR

Q 스타트업 HR은 기존 HR과 무엇이 다를까?   042

Q 잘나가는 스타트업 HR 조직은 왜 거대할까?   048

Q 스타트업에서 학습과 교육은 어떻게 해야 할까?   056

    LEAN HR Inside   개발자 중심의 HR에 대하여   062

3 조직문화

Q 조직문화는 만들어질 수 있을까? 066

Q 스타트업이 수평적인 조직문화를 추구하는 이유는 무엇일까? 072

Q 수평적으로 일하는 조직에는 정말 규칙이 없을까? 080

Q 수평적으로 일하는 조직은 어떻게 만들어지는가? 086

Q 스타트업이 조직문화로 완전한 솔직함을 추구하는 이유는 무엇일까? 094

LEAN HR Inside 가치체계 수립 방법에 대하여 101

4 조직관리

Q OKR이 KPI보다 무조건 좋은 것일까? 106

Q 스타트업에 리더나 직책자가 꼭 필요할까? 118

Q 스타트업에서 좋은 리더란 무엇일까? 126

Q 스타트업에서 겨울방학을 운영하는 이유는 무엇일까? 132

LEAN HR Inside 리더십 교육에 대하여 138

Contents

5 일하는 방식

Q 스타트업에서 간결함을 추구하는 이유는 무엇일까?　144

Q 퇴사자 면담은 과연 의미가 있을까?　150

Q 스타트업에 위임전결 규정이 반드시 있어야 할까?　156

Q 핵심인재 관리는 스타트업에 도움이 될까?　160

　LEAN HR Inside　스타트업의 비용 지출에 대하여　167

6 평가와 보상

Q 평가의 목적은 무엇일까?　172

Q 다면평가는 과연 효과적일까?　178

Q 스타트업에서 평가는 어떻게 해야 할까?　184

Q 보상의 적정성은 어떻게 판단할 수 있을까?　192

Q 스타트업에 적합한 보상 제도는 무엇일까?　200

　LEAN HR Inside　역량 중심의 평가에 대하여　214

7 채용

Q 스타트업에서도 적정인력을 관리할 수 있을까? 218

Q 스타트업에서 효과적인 채용 전략은 무엇일까? 224

Q 스타트업은 어떻게 채용 브랜딩을 해야 할까? 230

Q 높은 수준의 인재밀도를 유지하는 방법은 무엇일까? 236

LEAN HR Inside 효과적인 채용 절차에 대하여 241

8 HR 운영

Q 스타트업에서 HR은 언제부터 필요할까? 248

Q 스타트업이 성장하면 HR은 어떻게 변해야 할까? 254

Q 스타트업 HR 직무자는 어떤 역량을 가져야 할까? 260

Q 스타트업 HR이 마주하게 될 문제를 해결할 쉬운 길은 없을까? 266

LEAN HR Inside 스타트업의 성장에 대하여 272

Contents

9   HR 직무

Q 욕먹지 않는 HR이 존재할 수 있을까?   278

Q 당신이 다니는 회사의 HR은 정말 무능할까?   282

나가며   288

1

HR

Q

당신의
HR 벤치마킹이 실패하는 이유

벤치마킹은 잘못 없다.
맞지 않는 옷을 억지로 입는 게 잘못이다.

잘 모르기 때문에 확신은 사라지고 확신이 없기 때문에 결정은 더디어진다. 그런 순간 많은 이들이 타인 손에 자신의 운명을 맡기곤 한다.

"그래서 다른 곳에서는 어떻게 합니까?"

한국 기업 경영진의 상당수가 입에 달고 사는 말, 바로 벤치마킹. 그러나 당연하게도 이러한 벤치마킹은 별다른 효과를 보지 못한다. 분명 타사 제도의 좋은 부분만 가져왔는데 왜 우리 회사에서는 제대로 운영되지 않을까? 벤치마킹은 왜 보고서에 담기는 귀찮고 그렇다고 빼기는 애매한 계륵 같은 존재가 된 것일까?

HR을 구성하는 여러 요소, 예를 들어 무형의 핵심가치나 조직문화, 눈으로 그려낼 수 있는 조직 구조, 그것을 뒷받침하는 평가보상 제도 등은 독립적인 것이 아니라 서로 긴밀하게 연결되어 있다. 이러한 요소를 취향에 따라 고를 수 있다고 착각하기 쉽다. 그러나 HR은 뷔페가 아니라 최소한의 규칙에 따라 움직이는 코스 요리에 가깝다.

회사가 해결하고자 하는 문제(미션/비전)가 무엇인지에 따라 문제 해결에 접근하는 방식(핵심가치/일하는 방식)이 달라지고 이러한 접근 방식에 따라 어떤 사람(인재상)과 함께해야 할지, 어떤 조직 형태(조직 구조)를 선택해야 할지 결정된다. 그리고 일하는 방식은

HR 원칙을 수립하는 데 영향을 주고, HR 원칙은 조직 구조와 더불어 어떤 식으로 조직을 운영해야 할지 구체적인 HR 제도를 결정하는 데 영향을 미친다. 결국 HR 벤치마킹의 맛을 살리지 못하는 이유는 HR 전체를 구성하는 요소 사이의 연계를 무시하고 단편적인 제도만을 취사선택하는 데 있다.

그동안 대기업의 상호 모방 혹은 계열사 간 자가 복제가 유효했던 것은 조직 구조나 일하는 방식이 크게 다르지 않았기 때문이다. 그러나 이런 기업들이 시장 변화에 따르고자 요즘 뜨고 있는 유니콘 기업들의 HR 제도를 벤치마킹하려 할 때 조직 전체의 틀을 바꾸지 않으면 따라 하기도 힘들뿐더러 따라 한다고 한들 흉내 내는 정도에 그칠 수밖에 없다.

상호 연관성에 대한 몇 가지 예를 들어보자. 최근 시장에 떠오르는 기업에는 구성원이 준수해야 할 핵심가치core value 또는 리더십 원칙leadership principle이 있다. 그런데 일하는 방식이나 조직 특성에 따라 그것을 표현하고 활용하는 방식이 조금씩 달라진다. 국내뿐 아니라 해외에서도 잘 알려진 한 커머스 업체는 의사결정과 조직 구조가 리더 중심으로 운영된다. 따라서 이들 조직에서는 핵심가치보다는 리더십 원칙이 전면에 나와 있다. 반면 '규칙없음No Rules'의 원칙하에 의사결정과 권한을 직원 개개인에게 내린 조직들은 리더십 원칙보다는 핵심가치가 더 전면에 나서 있다.

조직 구조나 일하는 방식은 조직이 필요로 하는 인재상과 직무에도 영향을 미친다. 목적조직은 기능조직과 달리 다양한 직무의 전문가들이 뒤섞여 있기 때문에 직무 전문성은 기본이고 협업과 의사소통이 원활하게 이루어져야 한다. 또한 목적조직은 관리 감독자의 통제보다는 개인 자율에 따라 업무가 진행된다. 그래서 최근 스타트업에서는 문화적합성culture fit을 위한 면접 전형을 추가하고 강화하는 것이다. 여기서 나아가 문화의 중요성이 커짐에 따라 조직문화를 담당하는 직무를 별도로 운영하기도 한다.

벤치마킹이 실패하는 또 다른 이유는 인과관계 오류에 있다. 벤치마킹이 가능한 HR 제도는 제도 자체가 목적이 아니라 어떤 목적을 위해 이루어진 결과물이자 현상에 불과하다. 그러한 HR 제도가 정립된 목적이나 고민은 고려하지 않고 현상만을 추종해봐야 무의미한 운영으로 시간과 자원만 낭비하게 된다.

흔히 창의성과 주도성을 발휘하기 위해 수평적인 조직문화가 필요하다고 말한다. 물론 수직적인 조직문화에서는 창의적이고 주도적인 사람들이 모여 있다 하더라도 그 역량을 십분 발휘하기는 어렵겠지만 이는 틀린 말에 가깝다. 반대로 질문해보자. 왜 창의성과 주도성이 중요해진 것일까? 수평적인 조직문화이기 때문에 창의성과 주도성이 중요한 것이다.

수평적인 조직문화와 그에 기반한 조직에서는 개인의 의사결정과 권한을 중요시한다. 개인이 의사결정 권한을 갖기 위해선 개개인이 의사결정에 필요한 역량을 지니고 있어야 한다. 그렇기 때문에 수평적인 조직에서는 스스로 문제를 해결하고 결정할 수 있는 역량을 강조하는 것이다. 만약 상위 직책자가 의사결정을 내려주는 조직이라면 굳이 모두가 창의적이거나 주도적일 필요도 없고 수평적인 조직문화를 추구할 필요도 없다. 인터넷 가십으로 떠도는 유명 글로벌 IT 기업의 채용 과제들이 창의성을 검증하는 것처럼 보일 수 있다. 하지만 이러한 과제들은 창의성이 아닌 문제 풀이 과정에서 해당 조직에서 필요로 하는 문제 해결 역량을 확인하는 것에 가깝다.

또 다른 예를 들어보자. 조직 운영에 있어서 이른바 CFR conversation, feedback, recognition의 중요성이 커지고 있다. 일을 하는 데 있어 의사소통과 상호 인정은 중요한 역할을 해왔고 앞으로 더 중요해질 것은 분명하다. 다만 CFR이 갑자기 중요해진 배경이나 그 목적에 대해서는 한 번쯤 생각해봐야 한다.

과거 혹은 기성기업은 유사한 직무로 구성된 기능조직을 주로 활용하였기에 매뉴얼이나 프로세스 위주로 업무를 진행했다. 같은 조직 내에서는 서로 비슷한 업무를 수행하고 그에 요구되는 직무 역량 역시 유사하므로 개인화된 의사소통보다는 규정이나 프로세스의 명문화를 강조했다.

반면 최근 스타트업은 서로 다른 직무로 구성된 목적조직을 활용한다. 여기서 문제가 생긴다. 서로 직무가 다르다 보니 특정 영역에서는 지식의 깊이가 상이하고 어떤 용어를 받아들이는 정도도 다를 수밖에 없다. 한글을 쓰고 있지만 서로 다른 말을 하고 있는 셈인데 이래서는 업무를 진행할 수가 없다. 그래서 서로 이해를 돕기 위해 대화(Conversation)가 중요해진 것이다.

피드백(Feedback)이나 인정(Recognition)도 유사하다. 스타트업은 채용과 퇴사가 빈번할 뿐 아니라 목적조직도 가변적으로 운영된다. 오랜 기간 손발을 맞춰온 사이가 아니므로 조직이 가고자 하는 방향 혹은 일하는 방식에 대한 합의와 행동 변화의 과정이 필요할 수밖에 없다. 이 과정에서 필요한 것이 서로 간의 피드백과 인정이다. 다시 말해 CFR이 더욱 중요해진 이유는 그 자체의 역할보다 조직 구조와 일하는 방식이 바뀌었기 때문이다.

지금 이 순간에도 일어날지 모를 일을 가정해보자. 대기업 혹은 중견기업에서 팀장은 팀원과 매주 정기적으로 일대일 미팅을 하라는 전사 공지가 내려온다. 위에서 시키는 일이니 처음 몇 주간은 의욕에 넘쳐 미팅을 진행할 것이다. 그러나 어느 시점을 넘기는 순간 서로 궁금하지도 않은 지난 주말 활동과 가족 안부를 묻는 미팅으로 변질되고 만다. 이처럼 일하는 방식이나 조직 특성이 그 제도를 반드시 필요로 하지 않는다면 어떤 제도든 유지하기 어렵다.

이런 의문도 가질 수 있다. 조직과 제도를 머리 끝에서 발 끝까지 똑같이 붙여 넣으면 되지 않을까? 결론은 이 역시 불가하다는 것이다. 같은 제도와 방향성을 지니더라도 조직이 처한 상황, 조직 규모, 구성원 역량에 따라 다른 형태로 전개되거나 다른 종류의 문제가 터져 나올 수 있다. 아무런 고민 없이 제도만을 따라 할 경우 문제가 생겼을 때 그것이 진짜 문제인지 판단하기가 어려울 뿐 아니라 문제 해결을 위한 방안을 모색하는 것도 어렵다.

결국 가장 중요한 것은 제도 자체의 벤치마킹이 아니다. 벤치마킹을 하고자 한다면 대상 조직이 겪었던 문제가 무엇이고 어떤 목적을 위해 무슨 방식으로 해결했는지 그 과정을 심층적으로 뜯어봐야 한다. HR이 변하고자 한다면 조직이 가고자 하는 방향과 해결하고자 하는 문제를 고민하고 그에 알맞은 답을 스스로 찾아야 한다.

LEAN HR

HR 영역에서
올바른 결정을 내리기 어려운 이유

누구나 훈수 둘 수 있다는 착각.
그리고 의사결정권자의 무지.

우월한 유전자는 없다. 특정 조건에서 생존에 더 유리한 유전자가 있을 뿐, 이 역시 조건이 바뀔 경우 계속 유리할 것이라는 보장은 없다.

HR 제도도 마찬가지다. 그 당시 환경과 조직에 적합한 HR 제도와 운영 방법이 있을지언정 그 자체로 우월한 HR 제도는 존재하지 않는다. 다시 말해 HR 영역의 논의와 의사결정이 이루어지는 과정에 있어 누구 하나 일방적으로 맞거나 틀리기 어렵고, 실제 제도를 운영함에 있어서도 손해 보는 사람 하나 없이 모두에게 이로운 경우는 드물다.

예시로 HR 제도의 구성 요소 중 직급 단계를 살펴보자. 오래지 않은 과거 대기업 사이에서는 직급을 폐지하거나 축소하려는 움직임이 유행처럼 번졌다. 뉴노멀 시대를 맞아 조직은 점점 고직급화되고 승진 적체가 발생하는 등 조직 운영에 어려움을 겪으면서 연공이 아닌 역량 중심 HR 운영을 천명한 것이었다. 이 담론에 문제는 없다. 다만 직무 분류가 세분화되어 있지 않고 업무 전문성을 판단하기 힘든 일반 사무직 위주인 대기업에서 개인화된 평가와 보상 제도를 운영하는 것은 불가능한 일이었다. 그 결과 직급 단계를 부활시킨 조직이 절반이었고 나머지 절반은 내부적으로 암묵적인 구분을 활용해서 조직을 운영하고 있다.

반대의 경우도 있다. 최근 일부 유니콘 기업에서 조직 규모가 커짐에 따라 조직관리를 위해 잡레벨job level을 도입하려는 움직임을 보이고 있다. 그런데 시도했다는 소문만 무성할 뿐 성공적으로 도입된 사례를 아직까지 보지 못했다. 세분화된 직무로 구성된 유니콘 기업에서 직무마다 잡레벨별 필요 역량과 승진 기준을 관리하는 것이 어렵다는 운영상 제한은 차치하더라도 일종의 직급 단계가 설정된다는 것에 거부감을 보이는 구성원이 많기 때문이다. 스타트업으로 이직을 결정하는 주요 요소 중 하나는 개인의 자유복지인데 직급 체계의 도입은 일종의 규제와 통제를 의미한다.

결과론이지만 이런 식의 잘못된 의사결정이 이루어지는 이유는 무엇일까? 앞서 말한 것처럼 최초 문제의식과 논의 방향성이 틀린 것은 아니다. 직급 체계 자체만으로는 좋고 나쁨을 가늠할 수 없고 어느 쪽이든 주장의 근거는 있다. 이렇듯 정성적인 가치판단이 요구되는 경우가 빈번히 발생하지만 논리의 옳고 그름이 명백히 가려지는 경우는 흔치 않다. 이런 경우 대개는 조직의 정치 논리나 권력 관계에 따라 판단이 내려지곤 한다.

HR 영역에서의 의사결정이 올바른 방향으로 이루어지지 않는 또 다른 이유는 그 판단 기준이 영 잘못되었기 때문이다. 상식적인 수준으로 생각한다면 HR 영역의 의사결정은 단기적으로는 그 결정이 효율적인지 판단하고 장기적으로는 조직에 해가 되지 않는지 확인하면 된다. 그럼에도 불구하고 내가 일한 회사의 리더 혹은 임원

중에서 딱 한 군데 회사를 제외하고 모두 다음과 같은 방식으로 의사결정 여부를 판단했다.

"그래서 할 수 있다는 거야? 없다는 거야?"

이처럼 지시 이행에 대한 가부를 묻는 경우가 대다수인데 사실 HR에서 실행 자체를 못하는 경우는 거의 없다. 설령 위법한 것이라도 하려고 들면 할 수 있다. 주 52시간 근무제를 어기면서 근무할 수도 있고 원한다면 우격다짐으로 누군가를 해고할 수도 있다. 이러한 것은 올바른 판단에 기인한 것도 아니고 법적 책임에서 자유로운 것도 아니다. 기본적으로 이런 질문을 하는 리더나 임원은 HR에 관심이 없거나 무지하다고 볼 수밖에 없다.

재미있는 사실은 이렇게 앞뒤 잘라먹고 할 수 있냐 없냐를 물어보는 사람들 대부분은 무슨 모임에서나 누군가에게 들은 말을 바탕으로 그런 지시를 내린다는 점이다. 누군가는 HR 조직에서 리더나 임원을 설득하지 못했고 신뢰를 쌓지 못한 탓이라고 말할 수 있다. 그러나 조직 내부 사정에 대해 무지하고 조직의 흥망성쇠에는 조금도 책임지지 않을 외부인의 의견은 그토록 신뢰하면서, 조직 내부에서 자신의 직무를 묵묵히 수행하고 있는 구성원의 의견은 신뢰하지 않는 이유가 무엇인지 이해하기 어렵다.

한발 더 들어가보자. HR에서 권력 관계 위주의 의사결정은 장기적으로 조직 HR 역량을 감소시킨다. 어떤 임원이 사익 추구의 목적이든 무지의 발로이든 간에 조직과 HR 연계를 전반적으로 고려하지 않은 채 HR 영역의 의사결정을 내린다고 가정하자. 앞서 HR 벤치마킹이 실패하는 이유에서 언급했던 것처럼 조직이 처한 상황과 다른 HR 요소 간의 연계성을 고려하지 않으면 그 기능을 다하기 어렵다. 후술하겠지만 적절치 않은 HR 영역의 의사결정은 그 자체로 비용을 치를 수밖에 없다.

다소 어처구니 없지만 이런 의사결정권자 상당수가 자신이 부린 몽니에 대해선 까마득히 잊고 원하는 바를 달성하지 못했다는 사실에만 분노하여 실패의 원인을 HR의 무능함으로 돌려버리곤 한다. 문제는 이러한 과정이 반복되면 요즘같이 사람 귀한 시절에 좋은 HR 직무자들이 회사를 떠날 수 있다는 것이다. 보통 공백을 메우는 채용은 검증을 엄격하게 하기에는 부담이 되고, 이런 과정을 몇 번 되풀이하다 보면 어느새 양화는 악화로 대체된다. 그 결과 HR 역량은 더욱더 감소하고 올바른 결정은 점점 요원해지는 악순환이 발생한다.

거창하게 돌려서 말하긴 했는데 HR에서 올바른 결정이 이루어지기 어려운 이유는 전문성이 없어도 누구나 한마디씩 훈수를 둘 수 있는 영역으로 인지되고 있어서다. 심각한 경우 HR에 관심도 없고 지식도 전무한 이들에 의해 의사결정이 이루어진다. 약은 약사에게 맡기고 HR은 HR 직무 전문가에게 맡겨야 하는데 말이다.

LEAN HR

돈을 벌어다 주는 것도 아닌데
HR이 중요한 이유

HR은 조직을 보호하는 외피다.
비바람, 눈보라, 뙤약볕에서 벗어날 시간을 벌어준다.

회사 성장에 영향을 미치는 요소는 다양하겠지만 논의 진행을 핑계 삼아 일차함수 형태로 단순화해보자.

$$y = Ax$$

시간의 흐름(x)에서 경영상 의사결정을 비롯한 다양한 요소(A)들이 작용하여 회사 성장(y)에 영향을 미친다. 일차함수 기울기를 의미하는 A 값이 양수(+)이면 회사는 지속적으로 성장할 것이고, 음수(-)이면 회사는 쇠퇴하다 사라질 것이다. 그리고 A의 절댓값에 따라 성장과 쇠퇴의 속도는 달라진다. 이러한 장면 장면을 스타트업의 성장 단계마다 찍어서 하나의 그래프로 연결하면 흔히 알고 있는 스타트업의 J 커브가 그려진다.

다시 일차함수로 돌아와보자. 직접적으로 돈을 벌지 못하는 HR은 회사 성장에 어떤 역할을 할까?

$$y = Ax + B$$

HR은 회사가 버틸 수 있는 최소한의 기초 체력(B)을 담보한다. 물론 사업적 결정이 미치는 효과(A)에 비하면 HR의 역할(B)은 너무나도 소소해서 평소에는 존재조차 드러나지 않는다. 사업이 잘될 때는 조직의 비효율이 눈에 드러나지 않지만, 성장이 정체되는 순간 일상인 백색소음마저 불협화음으로 변화한다. 그런 위기의 순간

HR이 상황을 반전시킬 수 있다는 허무맹랑한 이야기를 하려는 것이 아니다. 위기의 순간 조직에 좋은 HR이 있다면 목에 칼이 닿을 듯 말 듯한 절체절명의 위기에서 한 끗 차이로 버틸 수 있는 시간을 벌어줄 수 있다. 다시 말해 HR의 역할은 조직의 고점을 높여주는 것이 아니라 저점을 높여주는 것이다.

스타트업의 J 커브로 돌아가보자. 최근 스타트업들은 탄생과 동시에 최소기능제품minimum viable product(MVP)을 통해 가설을 검증하고 시장 반응을 살핀다. 이 과정에서 대다수는 많은 실패와 방향 전환pivot을 되풀이한다. 이때 회사의 성장이나 수익은 마이너스로 돌입하고 다시 복구하기까지는 적지 않은 시간이 필요하다. 이 구간을 '죽음의 계곡valley of death'이라고 표현하는데 상당수 스타트업이 죽음의 계곡을 넘지 못하고 문을 닫는다.

앞서 좋은 HR은 회사가 어려울 때 버틸 수 있는 시간을 벌어준다고 했다. 반대로 나쁜 HR은 조직의 성장이 둔화되는 순간 더 낮은 곳까지 조직을 끌고 내려간다. 바닥이 어디인지 안다면 바닥을 치고 반등할 수 있지만, 어디까지가 바닥인지 더듬을 새도 없이 바닥을 뚫어버리면 아예 회복할 기회도 얻지 못한다. 바닥 밑은 지하이고 지하는 곧 죽음의 계곡이다.

우여곡절 끝에 죽음의 계곡을 건넜고 이제 조직이 성장할 일만 남았다. 그러면 HR은 역할을 다했으니 별로 중요하지 않을까? 열역학 제2법칙인 엔트로피의 법칙에 따르면 고립계에서는 엔트로피(미시적 상태의 무질서도)가 증가하는 현상만 일어나며 감소하지 않는다. 회사를 하나의 고립계로 본다면 회사가 성장하고 구성원이 늘어날수록 회사의 무질서도는 증가하게 된다.

회사의 성장을 잠시 멈춘 상태에서 조직과 HR 제도를 정비할 여유가 있으면 좋겠지만 스타트업이 생존하기 위해선 쉴 새 없이 달려야 한다. 성장하는 스타트업에서 HR의 역할은 완전히 정리하지는 못하더라도 실시간으로 높아지는 무질서도를 조금이나마 감소시키는 일이다.

반대로 집안이 어질러지는 것을 방관하거나 심지어 HR이 앞장서서 조직의 혼란을 야기하는 경우도 심심찮게 볼 수 있다. 당연하게도 무질서도가 임계치 이상을 넘어가면 다음 단계로 성장하지 못하고 다른 스타트업에 반면교사의 사례로 남는다.

잘못된 HR이 질서를 세우지 못하고 조직의 혼란을 야기하는 예를 보자. 많은 경우 눈앞의 문제를 해결하기 위해 어떤 결정을 내리지만 그것이 무엇이든 간에 그 대가는 먼 미래에 치르게 된다. 특히 채용이나 보상에서 이런 나쁜 결정을 많이 볼 수 있는데 순간의 모면을 위한 결정이 훗날 조직 전체를 위험에 빠트리기도 한다.

당장 업무가 급하다는 이유로 회사의 보상 원칙을 무너뜨릴 정도로 과보상을 하거나 채용 기준, 이를테면 조직문화에 대한 적합성이 부족해도 채용하는 경우를 볼 수 있다. 보상은 상대적 관점이 크게 작용하기 때문에 기존 직원들에게 상대적 박탈감을 안겨줄 수 있고 심한 경우 대규모 이탈이 일어날 수도 있다. 조직문화에 대한 적합성도 마찬가지다. 조직문화를 다듬어가는 일은 엄청난 노력을 필요로 하는데 모면의 대가로 미꾸라지 한 마리가 물 흐리는 것을 용납하는 건 비용으로 추산할 수 없을 만큼 손해다.

하나쯤의 예외라고 가벼이 생각할 수 있지만 그 하나로 인해 조직을 지탱하던 원칙이 누구나 넘나들 수 있는 고무줄이 되어버린다. 거대한 댐도 작은 균열로 인해 무너진다. 어마어마한 비용과 시간을 들이면 과거의 혼란을 수습할 수 있을 것 같겠지만, 그러한 행위도 더 먼 미래에 큰 대가를 요구할 수 있음을 인지해야 한다.

간혹 스타트업 정신이 지나친 나머지 근로기준법이나 노동법 같은 법규까지 무시하는 경우가 있다. 조직의 성장이 급한 마음은 십분 이해한다. 해석에 다툼의 여지가 있는 부분에서는 얼마든지 모험을 해도 좋다. 그렇지만 조직 규모가 어느 정도 커진 시점에서 대놓고 법을 어기면 그리 멀지 않은 시점에 불리한 위치에 서게 될 것이다. HR 직무자는 공감하겠지만 문제를 만들어놓고 문제가 되지 않도록 해결해달라는 부탁(혹은 지시)을 받을 때마다 강한 현타를 느낀다.

HR이 중요한 이유는 HR이 회사를 보호하는 역할을 하기 때문이다. 겉으로 보기에 그 역할은 그리 대단해 보이지 않을 수 있다. 이를테면 필요한 시기에 적합한 후보자를 채용하고 조직문화와 일하는 방식을 가다듬어 성장의 속도를 높여주는 것, 구성원에게 적절한 보상과 복지를 제공하여 구성원의 만족도를 높이고 조직이 흔들릴 때 구성원과 소통함으로써 조직을 안정시키는 것 등의 일 말이다.

조직에서 HR의 역할은 조직이 어려운 시기를 버텨낼 수 있는 시간을 벌어주고, 조직의 무질서함을 줄이며, HR 결정이 가져올 결과를 예측하여 혹여 발생할 수 있는 피해를 최소화하는 것이다.

조직 특성과 일하는 방식에 따라 HR 제도를 유연하게 운영할 수는 있겠지만 본질적인 역할 자체가 보수적인 성향이다. 역할의 특성으로 인해 경영진 혹은 사업부서와 HR 사이의 긴장감은 존재할 수밖에 없다. 개인적인 경험에 비춰볼 때도 임원이나 주요 리더들이 무언가를 HR에 요청했을 때 단번에 동의나 합의에 이르는 경우는 많지 않았다. 그럼에도 불구하고 하달하는 지령을 무조건 받아오는 담당자도 있는데, 이런 경우 해당 담당자의 역량과 자질을 의심해봐야 한다.

2

스타트업 HR

Q

스타트업 HR은
기존 HR과 무엇이 다를까?

스타트업 HR은 극도의 효율을 추구한다.
누구보다 돈 버는 것에 진심이다.

스타트업 HR이라고 해서 특별히 다른 목적이 있는 것은 아니다. 오히려 회사 경영의 본질에 직접적으로 닿아 있다. 스타트업 HR은 조직이 효율적으로 일하게 하는 것이 최대 목적이자 동기다. 다시 말해 스타트업 HR은 누구보다 돈을 버는 것에 진심이다. HR의 동기나 목적이 바뀐 것이 아니라 조직이 일하는 방식과 일하는 환경이 달라졌기 때문에 스타트업 HR이 다르게 보일 뿐이다.

과거에는 시장 반응을 예측하여 사업을 기획하고 제품 완성도를 최대한 높여 대대적인 홍보와 마케팅을 바탕으로 소비자에게 상품을 공개하는 방식을 취했다. 그러나 이러한 방식은 고객의 요구를 정확히 파악하기 어려워 실패 확률이 높았고 많은 자원 투자로 인해 실패에 대한 반대 급부도 크게 돌아왔다. 이에 더해 대부분의 기업이 유사한 직무 단위로 조직을 묶고 조직별로 분업하는 형태로 일을 해왔다. 이렇게 일할 경우 조직 구조와 인력 배분을 유연하게 가져가기 어려워 민첩한 사업적 방향 전환에 걸림돌이 되었다.

스타트업은 이와 반대의 방식으로 일한다. 가설을 바탕으로 최소기능제품(MVP)을 출시하고 소비자의 반응을 실험한다. 가설 검증의 많은 경우는 실패로 그치겠지만, 시장 반응을 바탕으로 또 다른 가설을 세우고 제품을 만들어 실험하는 과정을 빠르게 반복하면서 고객이 진정 원하는 상품이 무엇인지 찾아간다. 그래서 스타트업은 기민하게 방향을 전환할 수 있도록 업무에 필요한 직무 전문가들로 구성된 목적조직을 최소기능단위minimum marketable feature(MMF)로 운영하는 경우가 많다.

기성기업은 가르쳐서 쓰는 것을 전제로 한다. 기능조직은 업무를 관리 감독할 수 있는 관리자가 존재하고 단위 업무는 후임자 양성을 위해 정/부 혹은 사수/부사수를 지정해 운영한다. 개별 단위 업무 하나의 크기는 클 수 있어도 분업화로 인해 개개인이 담당하는 업무 영역 자체는 넓지 않다. 최소한의 직무 지식만 있으면 관리자나 선임의 교육을 통해 업무 수행이 가능한 구조인 것이다. 이 같은 환경에서는 몇몇 특수 직무를 제외한다면 일반 사무직 위주로 신입 공개채용 방식을 활용하는 것이 효율적이다.

반면 스타트업은 사서 쓰는 것을 전제로 한다. 목적조직은 여러 직무 전문가로 구성되어 있고 직무별로 한두 명만이 배치된다. 스타트업은 해야 할 일이 백로그에 산더미처럼 쌓여 있고 인적 자원은 항상 빠듯하기 때문에 기성기업처럼 팔자 좋게 자원을 중복 배치할 수 없다. 제한된 자원으로 더 많은 일을 할 수 있도록 조직을 관리해야 한다. 동일 직무를 수행하는 동료의 도움을 받을 순 있겠지만 기본적으로 목적조직에 배치된 직무 전문가는 해당 직무의 A부터 Z까지 혼자 해내야 한다.

이에 더해 스타트업의 흥망성쇠는 빨리 결정된다. 조직의 흥망성쇠에 따라 채용 규모가 달라지기도 하지만 채용의 적시성과 적합성에 따라 조직의 흥망성쇠가 결정되기도 한다. 스타트업에서 잘못된 채용이 이루어졌을 때 다른 사람을 채용할 시간적, 자원적 여유가 없기 때문이다. 이런 이유로 기성기업은 채용에 있어 다소 포괄적으로 직무를 관리하는 데 반해 스타트업은 직무를 세분화하고 그에 필요한 직무 역량이나 경험도 매우 자세하게 요구한다.

결과적으로 스타트업에서는 입사하자마자 1인분 이상 할 수 있는 직무 전문가 위주의 상시채용이 이루어지는 것이다. 그런데 이 같은 채용 형태에서는 일반화된 교육이나 경력 개발이 작동하기 어렵다. 후술하겠지만 스타트업 HR에서는 교육 기능의 비중이 상대적으로 많이 약화되고 방향성 또한 다르게 운영되고 있다.

일하는 방식에 더해 사회적 환경도 많이 바뀌었다. 우선 정보 공유가 매우 쉬워졌다. 과거 인사적 비밀로 통용되던 많은 정보가 이제는 근로자의 자발적인 참여로 공유되기 시작했다. 그것이 개개인에게 우월전략dominant strategy임을 깨달았기 때문이다. 특히 개발자를 중심으로 직장인 익명 커뮤니티를 통해 본인의 근무환경과 보상에 대한 정보가 빠르게 공유됐다. 어렴풋이 느끼던 격차가 실체화되면서 더 나은 환경과 보상을 향해 구인구직 시장에 뛰어드는 사람이 많아졌고 소위 말하는 인재전쟁talent war이 발발했다. 이제 개인도 알게 된 것이다. 회사는 자신의 인생을 책임지지 않는다는 사실을.

정보의 손쉬운 공유는 비슷한 듯 다른 맥락에서 HR 운영에 영향을 미친다. 예전 회사에서 나의 경험을 말하면 직책자들이 참여한 회의에 검토 중인 HR 사안을 공유했는데 반나절이 채 지나기도 전에 직장인 익명 커뮤니티에 박제된 적이 있었다. 임원들은 격노를 표했지만 회의에 참석했던 직책자들을 탓하고 싶진 않다. 몰라서 그렇지 과거에도 비밀은 잘 지켜지지 않았다. 다만 지금은 비밀을 빠르게 전파할 수 있는 수단이 많아졌을 뿐이다. 이제는 인비人秘가 없음을 가정하고 HR 업무를 수행해야 한다는 소리다.

스타트업에서 목적조직이 제대로 기능하기 위해서는 투명한 정보 공유가 필수다. 정보가 투명하게 공개되니 만큼 특히 HR 영역에서는 누구나 납득할 수 있을 만한 명확한 기준과 원칙이 있어야 한다. 과거처럼 조직의 성공을 위해 개인 희생을 강요하는 방식의 조직 운영은 더 이상 통하지 않는다. 간혹 회사가 꼼수를 부려 애매한 커뮤니케이션으로 상황을 모면하려는 경우가 있다. 이런 방식으로 업무를 처리한 후에 성공적이었다며 자위하는 경영진을 많이 봤는데 직원들도 바보는 아니다.

여기에 코로나19 팬데믹으로 인해 일하는 방식에 큰 변화가 있었다. 오프라인 중심 대면 업무 방식에서 온라인 위주 비대면 업무 방식으로의 전환이 가속화된 것이다. 재택근무도 보편화되면서 관리자의 관리 감독보다는 개인의 자율을 더 강조하게 되었다. 이에 더해 오랜 시간 여럿이 모일 수 없다 보니 회식으로 상징되는 조직 단위의 인사 관리에서 일대일 미팅을 위주로 하는 개인 단위의 인사 관리로 변화하고 있다.

요약하면 최근 스타트업 HR은 기성기업과 비교하여 고정적인 기능조직 대신 가변적인 목적조직을, 조직 중심의 인사 관리보다는 직무 중심의 인사 관리를, 일반 사무직 위주의 신입 공개채용이 아닌 직무 전문가 위주의 수시채용을 활용하고 있다. 여기에 정보 공유가 쉬워지고 조직에 대한 충성보다는 개인의 삶이 우선시됨에 따라 HR 관리 기준 또한 조직 단위가 아닌 개인을 중심으로 이루어지고 있다.

잘나가는 스타트업 HR 조직은
왜 거대할까?

제대로된 HR은 효율을 극대화시킨다.
결과적으로 수익과 연결된다.

지원조직은 백오피스back office 또는 돈을 쓰는 코스트센터cost center로 표현되고 사업조직은 프런트오피스front office 또는 돈을 벌어오는 프로핏센터profit center로 불리곤 한다. 그래서 그런지 일부 경영진은 지원조직을 돈 쓰는 조직으로만 인식하여 사업조직에 채용과 자원을 몰아주는 조직 운영을 보여주곤 한다. 사업조직에 인원을 몰아주면 정말로 회사가 돈을 버는 데 도움이 될까? 역설적으로 들릴 수 있겠지만 HR 조직에 돈을 쓰는 것이 돈을 버는 일이다.

시장에서 개발자 중심 조직이라 일컬어지는 회사들은 단순히 개발자 비중이 높아서 그렇게 불리는 것이 아니다. 회사마다 편차는 있겠지만 개발자와 기획자를 포함한 개발 조직은 많아야 전체의 40%를 넘지 않는 수준일 것이다. 그럼에도 그들이 테크 회사로 분류되는 것은 속된 말로 개발자들이 직접 하기 귀찮은 업무들을 HR을 비롯한 지원조직에서 대신하고 개발 조직은 개발에만 집중할 수 있는 환경이기 때문이다.

물론 기성기업이 그러하듯 지원조직 규모를 축소하고 지원조직의 업무를 직원들로 하여금 셀프로 처리하도록 할 수도 있다. 그런데 이는 묘한 위화감을 준다. 돈을 벌기 위해 모아 놓은 프로핏센터에게 코스트센터가 대신해야 할 업무를 스스로 처리하게끔 하는 것이 과연 합리적이냐는 것이다. 첫째로 그 의도 자체가 비합리적이고, 둘째로는 지원조직에서 지원 업무를 담당했을 때 가질 수 있는 전문성과 업무를 모았을 때 발생하는 규모의 경제가 주는 효율성을 고려한다면 그 결정이 매우 비효과적임을 알 수 있다.

앞서 조직이 커지면 커질수록 엔트로피는 증가한다고 했다. 그렇지 않아도 복잡한 와중에 목적조직은 일종의 매트릭스 조직 형태로 운영되기 때문에 관리 자원이 배로 든다. 한쪽으로는 실제 협업이 이루어지는 스쿼드squad 조직을 신경 써야 하고, 나머지 한쪽에서는 동일한 직무로 구성되어 있는 챕터chapter 조직까지 신경 써야 한다. 매트릭스 조직은 애초에 난도가 매우 높은 조직 구조인데, 스타트업의 지원조직은 이 무질서함과 복잡성을 대신 감당하는 역할을 수행한다. 어찌 보면 보안 직무와 유사한 느낌이다. 각 지원조직이 제 역할을 다해서 별 문제가 없을 때는 지원조직에 대한 투자가 아깝게 느껴지지만 지원을 아끼는 순간 여기저기서 문제가 터져 나올 수 있다.

스타트업 HR 조직의 규모가 커진 이유는 과거에 비해 혹은 기성기업에 비해 HR 업무 주기가 달라진 탓도 있다. 예전에는 HR 업무 주기가 대부분 1년 단위였던 것에 반해 최근에는 그 주기가 엄청 짧아지고 있다. 가장 대표적인 예로 채용을 들 수 있다. 요즘은 줄어드는 추세이지만 몇 년 전만 하더라도 많은 기업이 1년에 한 번 내지 두 번의 대규모 신입 공개채용을 진행했다. 상시적인 업무가 아니어서 채용은 그저 HR 운영팀 업무의 일부로 인식되었다.

반면 스타트업에서는 채용 적시성과 적합성이 생존에 중요한 부분을 차지한다. 365일 채용해야 하고 필요한 경우 자체적으로 후보자를 발굴해내야 한다. 업무의 덩어리가 커지면서 HR 운영에서 채용이라는 직무가 별도로 분화되었고, 이제는 HR 운영을 담당하는 사람보다 채용을 담당하는 사람이 더 많은 스타트업도 심심찮게 찾아볼 수 있을 정도다.

채용과 더불어 인사 전반에 있어서 인사 관리 주기가 비정기적인 형태로 변화하고 있고 해결해야 할 문제도 비정형적으로 발생하고 있다. 조직 크기가 상대적으로 작은 탓에 문제가 더 도드라져 보이기도 하지만 실제로 스타트업 구성원은 조직이나 개인이 처한 문제에 적극적으로 의견을 개진하고 즉각적인 해결을 요구한다. 구성원의 원치 않는 이탈을 막기 위해서는 상시적으로 연봉을 재검토해야 하고 가끔은 구성원 사이의 갈등 상황도 중재해야 한다. 여러모로 스타트업 HR은 해야 할 일이 많기 때문에 HR 조직이 커지는 것이다.

기존 HR에 익숙한 이들은 인사 관리 역할을 조직장이 대신하면 되지 않냐고 반문할 수 있다. 뒤에서 상세히 이야기하겠지만 스타트업에서는 직책자 중심의 조직 운영이 비효율적이다. 인사 관리의 주체 역시 조직장이 아닌 HR이 담당하는 것이 효과적이다. 그 이유는 다음과 같다.

첫째, 목적조직에는 조직장이라는 개념이 희박하다. 실제 협업이 이루어지는 목적조직은 제품 혹은 기능의 방향성을 결정할 수 있는 PM~product manager~이나 PO~product owner~ 같은 기획자는 있을 수 있어도 조직의 인사 관리를 담당할 수 있는 직무는 없다. 다양한 직무의 전문가들이 모여 있는데 그들을 한데 어우를 수 있는 조직장 역할은 누가 해야 할까? 더군다나 목적조직은 사업적 방향성에 따라 쉽게 헤쳐 모일 수 있는 가변적인 조직이기 때문에 조직장을 내세우기 쉽지 않다. 이와 유사한 관점에서 다양한 직무가 모여 있는 목적조직 내에서 구성원 간의 문제가 생겼을 때 이를 객관적으로 중재할 수 있는 제3의 직무, 다시 말해 HR이 담당하는 것이 모양새가 좋다.

둘째, 직무 전문가에게 인사 관리를 맡기는 것은 비용 대비 효과성이 떨어진다. 흔히 챕터라고 부르는 직무조직을 기준으로 챕터의 장에게 조직관리를 맡기는 방안을 고려해볼 수 있다. 그런데 직무조직을 리드할 정도면 어느 정도 경력이나 역량이 있을 것이고 연봉도 높다. 그런데 높은 연봉을 주고 데려와서 인사 관리 역할을 부여하는 것이 조직 관점에서는 낭비가 아닐까? 특정 직무의 최고 역량이라면 인사 관리에 시간을 쓸 것이 아니라 회사가 당장 풀어야 할 어렵고 중요한 문제에 시간을 쓰는 것이 합리적이다. 직설적으로 표현해서 인사 관리에 소모되는 비용을 직무 전문가의 높은 시급에서 상대적으로 낮은 HR 직무 담당자의 시급으로 대체하는 것이다.

셋째, 직무 전문가에게 인사 관리를 맡기면 인사 관리의 기준을 일정하게 유지하기 어렵다. 스타트업 내에는 매우 다양한 직무가 있다. 최대한 유사 직무로 묶는다 하더라도 직무조직 단위로 인사 관리가 이루어지면 인사 관리의 주체가 너무 많아진다. 가령 300명 조직에 대해 직무 단위별로 조직장을 운영한다고 가정하면 못해도 20~30명의 조직장이 필요하다. 반면 이러한 역할을 HR 직무에서 담당한다면 한 명이 50~60명을 맡을 수 있어 5~6명으로 300명 조직에 대한 인사 관리가 가능해진다. 20~30명의 눈높이를 맞추는 것보다는 5~6명의 눈높이를 맞추는 것이 일관적인 HR 운영에 더 용이하다는 것은 굳이 말할 필요도 없다.

조직장에게 인사 관리를 맡기고 기성기업에서 흔히 하는 리더십 교육을 통해 조직장의 인사 관리 역량을 재고하는 방안을 떠올릴 수도 있다. 직무 전문가의 높은 시급을 인사 관리에 쓰는 것도 아까운 마당에 리더십 교육을 하자고 수많은 직무 전문가의 시간과 비용을 투자하는 것은 너무 아까운 짓이다. 그리고 다들 알다시피 교육 몇 번 만에 없던 인사 관리 역량이 뿅 하고 생기지도 않는다.

기성기업에서 HR 위주의 인사 관리를 하지 않았던 이유는 HR 직무 담당자나 기능조직의 조직장이나 어차피 똑같은 일반 사무직이기 때문이다. 기성기업에서는 멀쩡히 있던 HR 조직 팀장이 다른 사업조직 팀장으로 가거나 반대로 사업조직의 팀장이 HR 조직 팀장으로 발령이 나는 경우도 간혹 볼 수 있다. 애초에 기성기업이 조직 장에게 바라는 것은 일종의 관리 감독이고, 평가권을 비롯한 권한을 줄 테니 문제가 생기지 않게 책임지라는 뜻이다. 어떤 의미에서는 적극적인 인사 관리를 하지 않기 때문에 가능한 방식이다.

개인이 투자할 수 있는 시간은 제한적이기 때문에 적절한 인력이 충원되지 않으면 업무 누수가 발생할 수밖에 없다. 지원조직이라고 예외는 아니다. 숨만 쉴 수 있을 정도의 자원을 투자하면 정말로 숨만 쉴 정도의 업무밖에 해낼 수 없다. 중요한 일부터 처리해서 상대적으로 덜 중요한 일을 못하는 것이라면 그나마 다행일 텐데, 이런 회사의 경우 위에서 급하다고 내려보내는 안건치고 정말 급한 경우는 많지 않다. 예를 들어 임원이 툭 던지고 간 시답지 않은 질문에 답하기 위해 HR구성원 전체가 3년 치 과거 데이터를 뒤져야 하는 상황처럼 말이다. 가뜩이나 없는 자원을 중요하지 않은 일에 쓰면 당연히 중요한 일에는 시간을 못 쓰고 원활한 업무 지원에 문제가 발생한다.

HR을 비롯한 지원부서는 직접적으로 돈을 벌어오지 못하니 최대한 뽑지 않겠다는 생각은 마치 전기료 아까워 에어컨을 켜지 않는 것과 다를 바 없다. 물론 에어컨을 켜는 것보다 구급차를 부르는 비용이 싸다고 생각할 수 있다. 하지만 이는 너무나 일차원적인 발상이다. 에어컨을 가동하지 않음으로써 발생하는 업무 비효율과 회사

평판에 미치는 부정적 영향을 고려한다면 득보다 실이 더 클 수밖에 없다. 에어컨을 가동하면 쾌적하게 일할 수 있어 효율이 올라가고 직원이 행복해지면 회사의 채용 브랜딩도 덩달아 좋아지기 마련이다.

요약하자면 결국 스타트업 HR 조직이 커지는 이유는 이 방향이 효율적이기 때문이다. 스타트업 HR은 사업에 필요한 인력을 적시에 채용하고, 조직에서 발생할 수 있는 인사 문제를 빠르게 해결해서 조직이 사업에만 집중할 수 있도록 지원하는 역할을 한다. 스타트업 HR은 주연이 되고자 하는 것이 아니다. 수고하는 조연과 엑스트라가 있어야 주연도 빛날 수 있는 것이다.

스타트업에서
학습과 교육은 어떻게 해야 할까?

일하면서 배운다.
탁월한 동료는 최고의 선생님이다.

기성기업은 일반 사무직 중심의 신입사원 공개채용을 통해 대부분의 인력을 충원해왔다. 신입사원이 들어오면 신입사원 교육이 이루어지고 그들이 승진함에 따라 승진자 교육이 이루어진다. 경력이 차서 조직장이 되면 리더십 교육을 받고 운이 좋아 임원이라도 된다면 임원 교육까지 받는다. 일부 직무에 대해서는 직무 교육이 이루어지기도 하지만 대부분의 교육은 연차와 역할을 기준으로 구분된다. 그러나 스타트업에서는 앞서 나열한 교육 중 그 무엇도 운영하지 않는다. 세분화된 직무 단위의 경력직 채용이 수시로 이뤄지기 때문이다.

스타트업은 대부분 직위나 직급과 같은 역할 구분보다는 직무 구분으로 일을 한다. 그런데 스타트업의 직무 체계는 기성기업과 달리 엄청나게 세분화되어 있다. 회사별로 편차는 있겠지만 어느 정도 규모의 스타트업에는 40~50개 혹은 그 이상의 다양한 직무가 있다. 교육을 한다면 직무 단위로 진행해야 하는데 직무 수가 너무 많고 하나의 직무를 구성하는 인원수는 매우 적다.

물론 주요 직무에 한정하여 교육을 진행할 수 있고 몇몇 직무는 어느 정도 인원을 확보할 수도 있다. 그렇다고 하더라도 여전히 HR 주도의 교육 운영은 어렵다. 경력직 위주의 채용은 신입 채용과 달리 직무 역량이나 경력이 균일하지 못하다. 다시 말해 역량의 개인 편차가 크기 때문에 일반화된 직무 교육이 불가능하다. 게다가 경력직 채용에는 업무에 필요한 직무 역량은 이미 갖추었다는 전제가 포함되어 있다.

게다가 스타트업에는 승진 개념이 없다 보니 교육이나 학습을 일종의 수단으로 활용할 필요가 없다. 승진이 존재하는 기성기업의 경우 승진할 수 있는 인원은 제한적이고 승진 후보군은 매년 적체된다. 이런 이유로 실질적인 경쟁을 줄이거나, 승진의 기준으로 삼기 위해 경력개발제도career development plan(CDP)에 의해 특정 교육을 이수하게끔 하거나, 특정 자격증이나 어학 성적을 요구해서 개인의 학습 동기를 강제하는 방법을 활용한다. 이를 뒤집어 말하면 스타트업에서는 승진을 위한 교육이나 학습이 불필요하다는 것이다.

결정적으로 예전과 풀어야 할 문제의 성질과 방향이 달라졌다. 기성기업의 교육은 승진이나 직책 보임 등 역할이 변하는 과정에서 알아야 할 지식이나 노하우를 전달하는 것이 일반적이었다. 십중팔구는 경험적으로 조직 내부에서 반복되는 문제에 대한 해결 방안을 제시하는 교육이었기에 과정을 한번 개발해두면 꽤 오랫동안 써먹을 수 있었다.

반면 스타트업은 기존에 없던 문제 혹은 답을 내지 못했던 문제를 해결하기 위해 탄생한 조직이다. 조직 내부 문제도 아니고 경험해보지 못한 문제이기 때문에 교육 과정으로 일반화하기가 어렵다. 게다가 문제 해결에 접근하는 방식도 빠르게 변한다. 그것이 개발자가 활용하는 언어일 수도 있고 특정 솔루션이나 프로그램일 수도 있다. 그럼 물고기를 잡아주는 것이 아니라 물고기를 잡는 법을 가르쳐주면 되지 않겠냐 물어볼 수 있겠지만 스타트업은 이미 물고기를 잡을 줄 아는 사람들, 즉 경력직을 채용한다.

그렇다고 스타트업에서 학습과 교육의 중요성이 낮은 것은 아니다. 다만 그 방향성이 조금 달라졌을 뿐이다. 교육의 기능 중 스타트업에서 가장 중점적으로 생각하는 부분은 경력직 입사자의 역량을 빠른 시간 안에 120%로 끌어올리는 것이다. 신규 입사자 교육, 이른바 온보딩on-boarding이다.

스타트업이 일하는 방식은 대동소이하고 사용하는 툴도 유사하지만 경력직의 이전 회사가 반드시 스타트업만은 아니기에 이에 대한 교육은 필요하다. 일하는 방식에 대한 적합성은 문화적합성 인터뷰로 어느 정도 검증했더라도 동료와 합을 맞추는 미세조정 과정을 생략할 수는 없다. 같은 값이면 소프트랜딩soft landing이 회사 적응에 도움이 되겠지만 스타트업 온보딩의 목적은 패스트랜딩fast landing에 좀 더 가깝고 필요하다면 하드랜딩hard landing을 감행하는 경우도 있다.

체계적으로 구성된 스타트업의 온보딩 프로그램은 통상 활용되는 수습 기간인 3개월 동안 주 단위로 빡빡하게 계획되어 있다. 특정 시점에 온보딩 프로그램의 단면을 잘라본다면 동시에 12개의 온보딩 프로그램이 진행되고 있는 셈인데 어지간한 정성이 아닐 수 없다. 고용 유연성이 떨어지는 한국 노동시장에서는 여전히 어려운 일이지만 고용 유연성이 떨어지는 만큼 수습 기간 내에 미래를 함께 맞이할 수 있는 동료인지 판단을 내려야 한다.

조직의 역량을 높이는 것이 스타트업의 경쟁력이기에 직무 교육에 대한 부분도 소홀히 할 수는 없다. 다만 스타트업에서는 앞서 언급했던 이유에 더해 교육을 위한 시간을 별도로 할애하는 것이 실질적으로 불가능하다. 해야 할 일이 백로그에 잔뜩 쌓여 있는데 한가롭게 교육에 시간과 비용을 투자하기는 쉬운 일이 아니다. 그런 까닭에 스타트업의 직무 교육은 '일을 통해 배우는 방식learning by do-ing'을 주로 활용한다.

일을 통해 배우려면 일단 배울 만한 사람이 있어야 한다. '최고의 복지는 탁월한 동료'라는 말이 있다. 스타트업은 성장할수록 기존 구성원보다 더 나은 사람들로 동료를 채워나가려 노력해야 한다. 고역량자의 채용은 채용 그 자체로도 조직 역량을 상승시키지만 기존 구성원이 새로 오는 동료로부터 가르침을 얻으면 다시 한번 조직의 역량이 상승한다. 물론 엄밀히 따지면 이것은 교육의 영역이 아니라 채용의 영역이긴 하다.

실질적으로 일을 통한 배움이 제대로 이루어지기 위해서는 일반적으로 챕터라고 불리는 직무조직 내에서 정보 교류가 체계적으로 그리고 자주 이뤄져야 한다. 그것이 협업 툴을 활용한 방식이든 주기적인 회고 미팅이든 아니면 비정기적인 기술 컨퍼런스든 간에 다양한 방식과 기회를 통해 문제 해결 과정에서의 지식과 경험을 공유해야 한다. 그리고 필요하다면 다수가 공유할 수 있는 외부의 교육 자료나 과정을 구매해주는 방식으로도 지원할 수 있다. 이렇듯 직무 경험과 지식의 공유가 이루어질 수 있는 업무적, 문화적 토양을 만드는 것이 스타트업 HR 교육의 과제라면 과제일 것이다.

마지막으로 가장 좋은 교육 방법은 스스로 학습할 수 있도록 동기를 부여하는 것이다. 아무리 직무 지식과 경험이 공유될 수 있는 좋은 환경이 만들어지더라도 스스로 필요성을 느끼지 못한다면 큰 효과를 볼 수 없다. 그래서 많은 스타트업에서는 스스로 학습하고 배우려는 의지가 강한 사람을 채용하려 하지만 그것이 말처럼 쉬운 일은 아니다.

경험적으로 해법은 의외로 간단하다. 스스로 학습을 통해 직무 역량이 성장하면 회사는 그에 합당한 보상을 해주면 된다. 뒤에서 자세히 다루겠지만 기본급의 판단 기준을 개인의 직무 역량으로 삼고 개인의 역량에 따라 보상 수준을 맞춰주는 것이다.

개발자 중심의
HR에 대하여

개발자에 대한 수요가 많아지고 주요 개발 인력의 잔류가 중요해짐에 따라 '개발자 중심의 HR'에 대한 질문을 심심찮게 받곤 한다. 개인적인 업무 경험이 부족해서일 수는 있으나 그에 대한 나의 대답은 명확하다.

"개발자 중심의 HR이라는 건 존재하지 않는다."

물론 HR에서 개별 직무의 특성을 고려해야 할 부분은 존재한다. 다만 그건 일반적인 수준에서 말하는 직무에 따른 고려를 의미하는 것이지 별도의 독립적인 영역으로 분류할 만큼 차별화되는 HR이라 보기는 어렵다는 것이다.

개발자 중심의 HR이 화두에 오른 것은 개발 직무의 특수성에 기인하기보다 개발자의 수요 증가로 인한 노동 환경의 변화로 보는 것이 타당하다. 최근에는 스타트업, 외국계 기업 등 다양한 선택지가 존재하지만, 과거에는 소위 '좋은 회사'라는 것이 한정적이었다. 게다가 다른 회사에 대한 정보를 얻기 어려웠기 때문에 '회사는 다 거기에서 거기'라는 인식이 있었다. 그랬기에 과거에는 평생 직장의 개념이 있었고 이직 자체를 매우 드물고 어려운 일로 여겼다. 이런 환경에서 회사는 인력의 효율성만 고민했지 잡은 물고기를 붙들기 위한 HR을 고민할 필요가 없었다.

그러한 상황에서 개발 직무에 대한 수요가 폭발적으로 증가했다. 예전에는 회사가 갑이었지만 이제는 전세가 역전되었다. 제한된 공급에서 주요 인재를 선점해야 했기에 많은 기업이 채용에 힘을 쏟기 시작했다. 채용 과정에서 후보자의 경험을 신경 쓰고 채용 브랜딩에도 돈을 쓰기 시작했다.

물론 개발 직무의 특수성에 기인하는 HR의 변화도 분명 존재한다. 예를 들어 개발 직무는 다른 직무보다 역량에 대한 계량화가 쉽다. 당면한 기술적 문제를 해결할 수 있을 만한 역량인가 혹은 문제를 해결했는가에 대해 직간접적으로 판단할 수 있기 때문이다. 이를 반대로 말하면 개인 입장에서도 자신의 역량과 보상 수준을 스스로 판단하기가 쉬워졌다는 것을 의미한다. 결국 잡은 물고기를 계속 잡아두기 위해서는 역량과 보상에 대한 객관적인 정렬이 요구되고 그 과정에서 시장의 보상 수준도 반영해야 한다. 이로 인해 개인화된 보상 혹은 짧은 주기의 연봉 인상 등이 이루어지게 된 것이다.

그런데 사람의 동기를 자극하는 데 있어 보상은 그 한계를 지닌다. 어느 수준 이상의 보상을 받는 경우 연봉보다는 같이 일하는 동료, 업무 환경, 조직문화 등을 찾게 된다. 결국 비슷한 수준이라면 혹은 연봉이 적더라도 내가 일하기 좋은 회사에서 일하기를 원한다는 것이다. 게다가 수요의 증가는 구직자들의 짧은 근속을 더 이상 큰 흠으로 삼지 않게 되었고 현 회사에 적극적인 개선을 요구하기보다는 더 나은 회사로의 이동을 선택하게끔 만들었다. 소위 말하는 요즘 시대의 HR을 구사하지 못하는 회사는 직원이 떠나가는 걸 구경할 수밖에 없다.

사실 이러한 현상은 최소한의 전문성을 지니고 있고 수요가 있는 직무라면 특정 산업군을 막론하고 비슷하게 나타난다. 그리고 어떠한 회사라도 그런 직무 한두 개쯤은 갖고 있기 마련이다. 결국 중요한 것은 개발자 중심의 HR에 한정된 고민이 아니라 직무 중심으로 노동 환경이 변화함에 따라 회사의 주요 인력을 유지, 보존하려면 어떤 식의 HR이 이루어져야 할지를 고민하는 것이다.

이제는 HR이 회사의 주요 경쟁력이 되었고, 정말로 HR을 잘해야만 하는 시대가 되었다. 개발자의 수요 증가는 단지 그 시기를 앞당겼을 뿐이다.

3

조직문화

Q

조직문화는
만들어질 수 있을까?

좋은 조직문화는 사업 성공을 이끌고,
사업 성공은 좋은 조직 분위기를 만든다.

분야를 막론하고 정성적인 논의가 어려운 이유는 같은 용어라 할지라도 서로가 이해하는 정의와 그에 관한 지식의 깊이가 다르기 때문이다. HR 영역에서는 그 대표적인 사례로 조직문화를 들 수 있다.

일했던 회사의 구성원 중 한 분이 회사의 조직문화가 참 좋다고 말한 적이 있다. 개인적으로 조금 의아했는데 그도 그럴 것이 그 회사는 공통의 목표를 위해 일하는 것이 아니라 개인이 빛나는 일만 하려 하고 그것이 조직 이기주의로 확대되어 조직 간 사일로 silo 현상이 심했기 때문이다. 다만 조직 특수성으로 인해 생존에 대한 걱정 없이 상대적으로 높은 보상을 취할 수 있었기에 개인 입장에서는 좋은 회사일 수도 있겠다는 생각이 들기는 한다. 그렇지만 그런 조직을 두고 조직문화가 좋다고 표현하기에는 조직문화에 대한 실례가 아닐까 싶다.

별 불만 없이 구성원 만족도가 높은 회사를 두고 좋은 조직문화를 가진 회사로 표현하고는 하는데 조직 분위기가 좋은 것과 조직문화가 좋은 것은 엄밀히 구분해야 한다. 회사는 돈을 벌기 위한 집단이고 사업이 잘되면 조직 분위기는 좋을 수밖에 없다. 물론 사업이 잘되면 잘되는 대로 논공행상의 피로감은 있지만 차라리 누가 잘했냐를 따지는 것이 누군가를 탓하는 것보단 백배 낫다. 그러다 사업이 내리막길에 접어들면 조직 분위기는 험악해지고 모두가 범인 찾기에 몰두한다. 범인 찾기에 목소리를 높이는 사람들 대다수가 공범

이긴 하지만 말이다.

조직문화란 조직 내 구성원이 공유하고 있는 가치나 기준이라 말할수 있다. 이러한 가치와 기준은 미션이나 비전 혹은 핵심가치 같은형태로 구체화되고 조직이 일하는 방식으로 실체화된다. 조직이 원하는 가치나 기준은 구체화되고 실체화할 수 있기 때문에 조직문화는 충분히 만들어질 수 있다. 그렇다면 질문을 바꿔보자. 좋은 조직문화란 무엇일까?

이 책의 모든 글은 내 생각이지만 좋은 조직문화가 무엇인지에 대한 답은 지극히 개인적인 의견임을 강조한다. 사업 영역이 다르고조직 형태도 다르므로 조직문화를 평가함에 있어서 우열을 가릴 수없고 조직문화의 좋고 나쁨을 판단하는 것 역시 결과론적으로 이루어질 수밖에 없다. 구성원의 가치와 기준 정렬을 통해 조직이 사업적 성공을 가져올 수 있다면 그것은 좋은 조직문화인 것이고, 가치와 기준이 제대로 정렬되지 않아 조직이 실패한다면 그것은 나쁜조직문화인 것이다.

바로 직전에 조직 분위기와 조직문화는 구분해야 한다고 했으면서좋은 조직문화의 판단 조건으로 사업적 성공을 드는 것이 다소 의아할 수 있다. 조직 분위기는 사업 성공에 따른 결과이고 조직문화의 좋고 나쁨은 사업 성공 여부에 기반하여 결과론적으로 이루어져서 비슷한 것처럼 보이지만 인과관계로 본다면 조직문화가 선행되는 요소다. 좋은 조직문화가 사업 성공으로 이어지고 사업 성공은 좋은 조직 분위기로 이어져 선순환이 되는 셈이다. 어쨌든 많은 이들이 좋은 조직문화를 조직 성공의 비법으로 주장하는 만큼 조직문화의 좋고 나쁨을 판단하는 데 있어 사업 성공 여부를 활용하는 것이 무리는 아니다.

조직문화의 방향성을 정하는 것은 창업가의 몫이다. 회사의 미션과 비전을 정하고 구성원이 공유해야 할 가치와 기준을 바탕으로 조직이 일하는 방식을 정한다. 이러한 체계를 만드는 것은 상대적으로 쉽지만 이를 기반으로 구성원이 행동하게 만드는 것은 또 다른 문제다. 서로 다른 환경에서 자란 두 사람이 만나 가정을 꾸리는 것도 쉬운 일이 아닌데, 수십 혹은 수백 명의 사람들을 한 방향으로 정렬시키는 것은 매우 어려운 일이다.

조직문화를 유지 보수하는 방식은 크게 두 가지로 볼 수 있다. 일단 조직문화에 적합한 사람을 채용하는 것이다. 사람의 가치관을 바꾸기란 어렵다. 만약 조직문화에 공감하지 못하고 따르지 않는 사람이 조직에 늘어난다면 조직문화는 공통된 가치와 기준으로서 작동하지 못하고 그 의미를 잃어버린다. 스타트업 채용 과정에서 문화 적합성을 까다롭게 보는 이유다.

나머지 하나는 조직문화의 필요성을 증명하는 것이다. 어찌 되었든 일을 위해 만난 사람들이기 때문에 조직문화의 필요성을 증명하려면 사업적 성공을 달성해야 한다. 경우에 따라 조직문화가 사업적 성공에 직접적인 영향을 미치지 않았을지도 모르지만 사실 그런 건 중요하지 않다. 중요한 것은 이러한 가치와 기준으로 일을 했을 때 성공할 수 있다는 믿음을 주는 것이다. 믿음이 있을 때 조직의 구성원은 그 가치와 기준을 따른다.

외부에서 봤을 때 성공한 스타트업의 조직문화는 일종의 종교처럼 보이기도 한다. 그도 그럴 것이 성공한 스타트업도 탄생 시점에는 구체화된 성공보다는 실체가 없는 조직의 비전으로 사람들을 유인한다. 창업가에 대한 믿음이든 조직에 대한 믿음이든 간에 믿음이 없다면 애초부터 시작이 불가능한 구조다. 강한 조직문화를 바탕으로 사업적 성공에 이르고, 사업적 성공은 또 다시 조직문화에 대한 자기 확신으로 이어진다. 이러한 과정을 반복하면 조직문화에 대한 믿음이 일종의 종교처럼 굳건해지는 것이다. 정당한 일을 통해 경제적 부에 이를 수 있는 종교라면 믿어볼 만한 가치도 있을 테니 말이다.

조직문화에 노력을 기울이지 않아도 시장에서 사업적 성공을 거두는 경우가 있을 수 있다. 그렇지만 조직문화는 구성원들을 한 방향으로 움직이게 하고 동일한 가치와 기준을 따르게 하기 때문에 업무 효율과 그로 인한 조직의 성공 확률을 높인다. 조직을 성공으로 이끄는 좋은 수단으로 활용할 수 있는데 굳이 쓰지 않을 이유도 없

지 않은가? 그래서 스타트업은 조직문화를 만들고 유지하는 일을
매우 중요하게 여기는 것이다.

스타트업이
수평적인 조직문화를 추구하는 이유는 무엇일까?

업무 속도를 올리려면 수평적이어야 한다.
빠른 의사결정이 스타트업의 경쟁력이다.

스타트업이 수평적인 조직문화를 추구하는 이유에 대해 말하기 전에 수평적인 조직문화에 대한 오해부터 바로잡고 넘어가자.

그저 '님'으로 부르고 상호 존대를 한다고 해서 혹은 직급 제도를 없앤다고 해서 수평적인 조직문화가 되는 것은 아니다. 이는 수평과 수직이 언어적 반의어 관계에 있다 보니 이제껏 기성기업이 해오던 것과 반대로만 하면 될 것이라는 일차원적 행태에서 비롯된 오해일 뿐이다. 이런 식의 결과물이 도출된 까닭은 기존의 수직적인 조직문화에서 직급과 직책에 주어지는 권한을 일종의 권력으로 행사하고 후배나 낮은 직급의 동료를 자신이 함부로 해도 되는 아랫사람 정도로 인지했다는 것 말고는 해석할 길이 없다.

수평적 조직문화는 문화 그 자체에 목적이 있는 것이 아니라 스타트업에서 일하는 방식을 문화적으로 지원하기 위함이다. 소위 수평적인 조직문화로 일하는 스타트업에서는 개인에게 업무 자율권을 주고 역량에 맞는 의사결정 권한도 함께 부여한다. 다단계 수직 구조의 조직에서 의사결정이 꼭짓점 위주로 이루어지는 것에 대한 반대 개념이다. 일하는 방식이나 조직의 구조는 수직적인데 호칭만 '님'이라고 해봐야 '남'이라는 글자에서 점 하나 뺀 정도의 사이일 뿐이다. 질문을 바꿔보자. 스타트업이 수평적인 방식으로 일하는 이유는 무엇일까?

스타트업이 수평적으로 일하는 이유는 조직을 빠르게 움직일 수 있고 더 효과적이기 때문이다. 요즘 경영 환경은 소위 VUCA(변동성 volatility, 불확실성uncertainty, 복잡성complexity, 모호성ambiguity)로 표현될 정도로 예측이 불가능하다. 아무리 뛰어난 사람이라도 10개 중 서너 개는 잘못된 결정을 내릴 수밖에 없는 환경이다. 결정 그 자체보다는 실행과 그 이후의 과정, 그러니까 일의 수습과 방향 전환이 중요해진 시대다.

수직적으로 일하는 조직이 있고 그 조직에는 정말 똑똑한 임원이 있어서 70%의 높은 확률로 좋은 의사결정을 내린다고 가정해보자. 아무리 회사 일에 모든 시간을 쏟는다고 해도 물리적인 한계가 존재하고 꼭짓점으로 일이 몰리면 의사결정이 필요한 사안들은 계속 쌓인다. 실무자가 보고서를 작성하는 시간, 조직 단계를 밟아가면서 보고서를 가다듬는 시간, 임원의 일정에 맞춰 최종 보고를 하고 의사결정하는 시간까지 감안한다면 꽤나 많은 시간이 소요된다. 그렇게 오랜 시간을 거쳐 의사결정을 내린다 해도 30%의 확률로 실패할 수밖에 없다.

반대로 수평적인 방식으로 일을 하는 조직에서는 실무자가 어느 정도 업무 자율권과 의사결정 권한을 가진다. 비록 70%의 고확률은 아니지만 50%의 성공 확률이 있다고 가정해보자. 첫 시도에서는 50%의 확률로 실패하겠지만 빠르게 실행할 수 있기 때문에 한 번

더 시도할 수 있는 여유가 있다. 시행 횟수가 두 번으로 늘어나면 성공 확률은 75%가 되고 네 번이 넘어가는 순간 성공 확률은 90%를 넘어선다. 게다가 두 번째, 세 번째 시행에서는 앞의 실패 사례를 바탕으로 잘못된 선택지를 걸러낼 수 있기 때문에 50% 확률보다 성공 확률을 높일 수 있다.

게다가 일반적인 기대와 다르게 수직적으로 의사결정이 이루어지는 경우 일이 잘못된 방향으로 전개되기 쉽다. 다단계 보고를 거치면서 최초 작성자 의도와 다르게 메시지가 전달되거나 심한 경우 중간 과정에서 누군가의 의도에 따라 정보가 더해지기도 혹은 감추어지기도 한다. 그리고 임원에게는 해결해야 할 일이 많다는 이유로 요약 보고서가 전달되곤 하는데 이를 바탕으로 의사결정이 이루어진다. 모든 자료를 다 검토하고 결정해도 모자랄 판에 특정인의 의도가 담겨 있을지도 모르는 요약 보고서로 의사결정을 내리는 것이다. 결국 리더의 의사결정 능력과 무관하게 그리고 다단계에 참여한 많은 이들의 노력이 무색하게 성공 확률은 많이 쳐줘봐야 절반의 확률로 회귀한다.

문제는 거기서 그치지 않는다. 의사결정이 느려지는 만큼 시간은 흘러가고 다시 한번 시도할 수 있는 기회는 사라진다. 재도전할 수 있는 시간적 여유가 사라지니 한 번에 모든 것을 끝내야 하고 결국 대규모 자원이 투입되어 조직의 사활을 건 의사결정이 이루어지곤 한다. 부정확한 예측에 심혈을 기울이고 다단계 의사결정을 받아내는 데 소모되는 시간과 자원에 비해 설령 실패하더라도 빠르게 재도전할 수 있는 기회와 학습을 통해 높아지는 성공 확률까지 감안한다면 고민할 필요도 없이 의사결정 권한을 수평적으로 부여하는 것이 이득이다.

부수 효과이긴 하지만 수평적인 업무 방식은 그 자체로 조직의 속도를 빠르게 한다. 수평적인 업무 방식은 조직의 무임승차자free rider를 방지하는 효과가 있다. 수직적 업무 방식에서는 조직 단계와 프로세스 속에 숨을 수 있다. 보통 기성기업의 경우 보고서 완성 시점과 상위자 보고 시점 사이에 시차가 존재하는데 그 시간만큼은 손이 비게 된다. 그리고 다단계의 보고 프로세스 속에서 아래 직급의 업무를 본인의 것으로 포장할 수도 있다.

반면 수평적인 업무 방식에서는 본인 스스로가 업무의 결정권자이기 때문에 핑계 댈 수 있는 병목 구간이 없다. 업무 자율권과 의사결정 권한이 있는데 업무가 진행되지 않으면 일을 하지 않고 있음이 쉽게 드러난다. 이에 더해 진행하면서 해당 업무의 이해관계자들과 소통하고 그들을 설득해야 하는 과정을 거쳐야 하는데 본인 역량이 부족하거나 준비가 되어 있지 않으면 금세 바닥이 드러난다.

태생적으로 수직적 조직 구조에서는 보고서를 가다듬는 데 많은 시간을 쏟는다. 어쩌면 말 한두 마디로 때울 수 있을 만한 안건도 파워

포인트로 보기 좋게 작성해야 한다. 이를테면 조직 내 구성원을 대상으로 하는 공지문에도 몇 단계의 보고 과정을 거쳐야 일이 마무리된다. 이에 반해 수평적인 업무 조직은 쓸데없이 공회전하는 시간에 생산적인 일을 할 수 있어 더욱 빨라질 수밖에 없다.

요약하자면 최근 경영 환경에서 중요한 것은 의사결정의 정확성이 아니라 빠르게 실행하고 그 결과에 맞게 대응하는 것이다. 이러한 이유로 스타트업에서는 수평적으로 일하는 방식을 택하여 실행 횟수를 늘리는 방향으로 전환한 것이다. 스타트업에서 수평적 조직 문화를 강조하는 것은 조직이 수평적으로 일하는 방식을 지원할 수 있도록 문화적 제도적 기반을 다지기 위함이다.

일단 수평적으로 일하는 방식이 제대로 작동하려면 개별 직무에 있어서 의사결정을 내릴 수 있는 직무 전문가가 필요하다. 스타트업에서 높은 수준의 인재밀도를 유지하려는 이유는 개별 구성원에게 업무 자율권과 의사결정 권한을 부여하기 때문이다.

그다음 따라오는 것이 제도적 지원이다. 언어가 주는 힘은 생각보다 강력해서 다단계 직급이나 직책이 존재하면 구성원이 업무를 함에 있어 권력 구조에서 자유롭지 못하다. 즉, 개인의 업무 자율권과 의사결정 권한을 보호하기 위해 제도적으로 직급이나 직책을 없애는 것이다.

마지막으로 필요한 것이 문화적 토양이다. 개인에게 업무 자율권이나 의사결정 권한이 있다고 해서 아무렇게 해도 된다는 뜻은 아니다. 그러한 결정에 이르게 된 과정과 근거를 해당 업무와 관련된 동료들에게 공유하고 설득하는 과정을 거쳐야 한다. 물론 최종 결정은 해당 업무 담당자가 하겠지만 그 과정에서의 의사소통과 설득 그리고 최종 결정과 그에 따른 승복까지 이루어질 수 있도록 수평적인 조직문화가 뒷받침하는 것이다.

수직적인 조직문화가 조직 운영에 도움된다고 말하는 사람이 있다. 직급과 그로 인해 파생되는 승진이 개인의 커리어 비전을 제시한다는 사람도 있을 수 있다. 말은 그럴싸해 보이지만 결국엔 승진이라는 제한된 자원을 두고 구성원에게 내부 경쟁을 유도하고 이를 활용하여 소수의 관리자들로 하여금 조직을 관리하겠다는 소리인데, 협업으로 힘을 모아도 모자랄 판에 그것이 맞는 방향인지 모르겠다.

그렇다면 반대로 되묻고 싶다. 직급과 승진이 없는 최근 유니콘들은 조직 운영을 포기했다고 판단하는 것인지, 회사의 많은 구성원이 승진에 목숨을 거는 것이 조직 생산성에 도움된다고 생각하는지 말이다. 기성기업의 구성원이 기를 쓰고 승진하려는 이유는 낮은 직급에서는 업무 자율권이 없고 직급에 따라 보상도 제한적이기 때문이다. 반면 수평적인 조직문화에서는 개인에게 업무 자율권을 부여하고 보상 또한 직급이 아닌 역량에 따라 이루어진다. 수평적인 조직문화에서는 직급이나 승진 제도 유지를 위해 불필요한 자원을 투입할 필요가 없으니 조직 운영의 피로도가 도리어 낮을 수 있다.

수평적으로 일하는 조직에는
정말 규칙이 없을까?

좋은 가치체계를 만들고 구성원과 공유하라.
그리고 지켜라.

일반적인 선입견에 따르면 기성기업은 체계와 규칙이 잡혀 있을 것 같고 스타트업은 혼란 그 자체일 것만 같다. 지켜야 할 규칙의 가짓수를 따진다면 스타트업의 규칙은 기성기업의 규칙에 비할 바가 안 된다. 다만 개별 규칙이 조직과 구성원에 미치는 영향과 중요성 그리고 규칙 준수 여부를 고려한다면 반대의 결과가 나온다.

대기업 그룹들은 각자의 시스템에 따라 작동되지만, 평균적인 관점에서 스타트업이 지향하는 수평적인 조직이야말로 문화적 기준을 중심으로 한 조직 운영을 지향한다. 다단계 수직 구조를 지닌 기성기업이 체계적인 것처럼 보이는 것은 피라미드형 수직 구조가 구조적으로 안정적인 듯한 착시효과를 주기 때문이다. 극단적인 일반화를 하면 기성기업에서 말하는 시스템과 기준은 위임전결에서 결재선을 지정하는 것 말고는 딱히 떠오르지 않는다.

수직적인 조직 구조에서는 꼭짓점에 권한이 몰리고 상위로 올라갈수록 권한의 크기는 더욱 커진다. 이러한 권한에는 인사권과 같이 일종의 권력 요소가 있어 꼭짓점에 있는 직책자의 말이 회사의 시스템보다 우선하기도 한다. 기성기업에서 이루어지는 리더십 교육에서 리더의 솔선수범을 강조하지만, 많은 경우 직책자들과 임원들이 앞장서서 시스템과 규칙을 무시한다. 과장을 조금 보태면 기성기업에 재직했던 기간 동안 직책자들에게 가장 많이 들었던 말은 다음이 아닐까 싶다.

"아~ 그냥 좀 해(줘)."

회사 내 시스템과 규칙의 존재 이유는 개개인이 업무 과정에서 옳고 그름을 판단할 수 있도록 하여 조직을 효율적으로 운영하기 위함이다. 만약 최소한의 규칙 아래 구성원이 자율적으로 판단하고 행동할 수 있다면 굳이 많은 규칙을 만들 필요가 없다. 규칙이 많아지면 규칙을 지키기 위한 노력과 규칙 준수 여부를 확인하기 위한 자원이 투입돼야 하기 때문이다. 스타트업은 시스템이 없는 것이 아니라 조직의 복잡성을 해소할 수 있을 만큼의 최소한의 규칙으로 운영될 뿐이다.

앞서 얘기했듯이 수평적으로 일하는 조직에서는 구성원 개개인에게 업무 자율권과 의사결정 권한이 주어진다. 그러나 스타트업 상당수가 채택하고 있는 목적조직 방식은 서로 다른 직무와의 팀플레이를 전제로 한다. 개별 업무에 있어서는 각자 개인기를 발휘해야 하지만 성과를 내기 위해선 같은 방향으로 힘을 집중해야 한다.

스타트업에서 미션과 비전 그리고 핵심가치를 강조하는 것은 그것이 일종의 그라운드 룰로 작용하기 때문이다. 자유로운 방식으로 업무하더라도 조직이 지향해야 할 점을 미션과 비전으로 설정하고 일하는 방식과 판단 기준으로 핵심가치를 공유하는 것이다. 기성기업만큼 빡빡하게 설정되어 있지는 않지만 조직 구성원이라면 응당 따라야 할 최소한의 규칙을 설정하고 그에 따라 업무를 수행한다.

성공한 스타트업의 상당수는 명확한 가치체계를 갖고 있는 것처럼 보인다. 미션, 비전, 핵심가치 또는 리더십 원칙 같은 것들 말이다. '갖고 있는 것처럼 보인다'고 표현한 이유는 가치체계를 갖고 있는 것은 그다지 중요한 요인이 아니어서 그렇다. 명확한 가치체계를 공유하고 구성원 모두가 자발적으로 지킬 때 비로소 의미가 있다. 조직문화적으로 고도로 발달한 스타트업이 종교처럼 보이는 것도 최소한의 핵심가치를 교리 삼아 그것을 실천하는 방향으로 업무를 수행하기 때문이다.

성공한 스타트업의 가치체계가 부러웠던 것일까. 회사의 가치체계를 만들라는 지시를 받은 적이 있었고 가치체계를 세워가는 모습을 옆에서 지켜본 적도 있다. 대개 내부 공유가 아닌 대외 공개를 우선에 두고 가치체계를 수립하는 비슷한 잘못을 저지르곤 한다. 그저 있어 보이고 멋져 보이는 말들로 가득 찬 가치체계를 만들기 위해 노력한다. 그러다 보니 실제 조직이 일하는 방식과 동떨어져 구성원이 이해하지 못하는, 지켜지지 않는 핵심가치가 탄생하는 것이다.

좋은 가치체계를 만들기 위한 조건은 크게 두 가지다. 조직의 성공을 뒷받침할 수 있는 가치여야 하면서 누구나 강력하게 지킬 수 있는 것이어야만 한다.

조직의 성공을 뒷받침하려면 조직의 목적과 일하는 방식을 정의하고 그것을 지탱하는 가치체계를 만들어야 한다. 그것이 기존의 성공 방정식이었다면 조직이 암묵적으로 공유하던 가치를 명확히 하는 것이고, 앞으로의 지향점이라면 행동 변화의 방향을 제시하는 것이다.

지킬 수 있는 원칙이 되려면 모호하거나 추상적이어서는 안 된다. 정성적인 가치라도 누구나 비슷한 수준으로 가치판단이 가능해야 한다. 예를 들어 좋은 회사가 되고 싶다는 희망을 담아 '좋음'이라는 핵심가치를 설정했다고 가정하자. 좋음이라는 가치에 대해 어떤 기준으로 판단하고 어떻게 행동해야 하는지 그 자체만으로는 이해하기 어렵다. 이해하기 어려우면 행동하기 어렵고 행동하기 어려우면 그 가치를 지킬 수 없다.

구성원이 수립된 가치체계를 따르게끔 하려면 가치체계를 따르지 않는 구성원이나 가치체계에 반하는 방식으로 달성한 성과는 인정하지 않아야 한다. 조직의 가치체계와 맞지 않은 사람은 아무리 뛰어난 역량이 있어도 채용하지 말아야 하고 이미 채용했다면 해당 구성원과의 동행을 중단해야 할 수도 있다. 뭘 그렇게까지 하냐 싶겠지만 이 정도 각오가 없다면 구성원이 조직의 가치체계에 따라 움직이게 만들 수 없다. 구성원을 움직이게 만들 수 없다면 굳이 시간과 자원을 써서 가치체계를 만들고 전파할 이유도 없다.

한 가지 더, 가치체계는 영속적인 것이 아니다. 대외 환경이 바뀌면 조직의 지향점이나 일하는 방식도 바뀌어야 하고, 일하는 방식이 바뀌면 가치체계 역시 바뀔 수 있다. 한 번에 모든 가치체계를 만들 수 없고 만들 필요도 없다. 조직의 미션과 비전부터 세우고 구성원이 지켜야 할 최소한의 핵심가치에서 시작하자. 나머지는 조직이 커가는 과정에서 구성원과 함께 만들어도 된다.

지킬 수 없는 수백 가지 약속보다 지킬 수 있는 서너 가지 약속이 더 가치 있다고 믿는다. 자신에게 권한과 힘이 있으니 약속을 어겨도 된다는 수준 낮은 생각보다는 큰 힘에는 책임이 따른다는 사실을 염두에 두고 솔선수범하는 모습을 보여야 하지 않을까? 진정 조직에 애정이 있다면 말이다.

수평적으로 일하는 조직은
어떻게 만들어지는가?

뛰어난 직무 역량, 정보의 공유,
권한이 권력이 아니라는 인식이 그 출발이다.

수평적으로 일하는 조직을 만드는 방법은 일종의 탈중앙화를 이루는 방식과 유사하다. 중앙 통제보다는 구성원에게 자율권을 부여하고 소수의 직책자에게 몰린 권한을 분산시켜야 한다. 개인 역량이 아닌 것에 대한 차별적인 혜택과 보상은 지양해야 하고 정보가 권력이 되지 않도록 투명한 정보의 공유가 이루어져야 한다.

조직 구조는 단순히 조직의 현황을 보여주는 것이 아니라 조직이 일하는 방식을 구조적으로 표현한 것이다. 수평적으로 일하는 조직이 되려면 조직 구조에 층위가 없거나 간소해야 한다. 조직의 구조나 직급 단계를 축소한다고 해서 수평적으로 일하는 문화가 자생하는 것은 아니지만, 다단계 조직 구조 혹은 직급 단계에서는 수평적으로 일하는 문화를 추구할 수 없다.

앞서 언급했듯이 언어의 힘은 매우 크기 때문에 직책이나 직급과 같이 상하관계를 함의하고 있는 HR 제도가 있다면 조직에 알게 모르게 수직적 문화가 형성될 수밖에 없다. 물론 다단계 직급 체계에서도 수평적인 문화를 유지할 수 있겠지만 수평적으로 일하는 방식을 추구하는 조직에서 굳이 어려운 길을 갈 필요는 없다.

일반적으로 기성기업에서 다단계 조직 구조의 꼭짓점을 구성하는 직책자는 일반 사무직에서 출발하여 조직의 기준 혹은 상위자의 선택에 의해 발탁된다. 그리고 이들 직책자에게는 일반 구성원과 차별화된 권력과 혜택이 주어진다. 구성원의 인정이나 직무 전문성으로 직책자가 된 것이 아니라 경력이나 연차에 의한 경우가 대부분이기 때문에 인사권을 비롯한 권한이 주어지지 않으면 조직관리가 제대로 이루어지기 어렵다. 여기에 더해 직책자들에게는 차별화된 보상을 제공함으로써 제한된 직책을 두고 비슷한 구성원끼리 경쟁을 유도해서 피라미드형 조직 구조를 유지한다.

직책 중심으로 권력과 보상이 집중될 때 발생하는 문제점 중 하나는 파벌 싸움이나 제 식구 챙기기 등 정치가 만연해진다는 점이다. 이는 맡고 있는 조직의 기능이나 크기가 직책자의 권력 크기를 대변하고, 직급 승진이나 직책 보임에 대한 권한이 자신의 상위자나 차상위자에 있기 때문이다. 물론 인간은 정치적 동물이니 집단이 존재하는 곳에서 정치적 관점을 완전히 배제할 수는 없다. 다만 정치적 영향력이나 효과를 제한하는 조직 구성은 유도할 수 있다.

조직에서 정치력을 확대하는 가장 일반적이고 손쉬운 방법은 자기 사람을 채용하거나 요직에 앉히는 것이다. 가령 기성기업에서는 힘 있는 임원의 몇 마디로 누군가를 채용하거나 조직 이동을 시키는 일이 발생할 수 있다. 반면 수평적으로 일하는 조직에서는 문화적 합성을 판단하는 인터뷰 단계가 존재할 뿐만 아니라 면접에 참여한 모든 면접관이 논의하여 채용을 확정한다. 또한 목적조직의 형태로 일하기 때문에 발령이나 이동 배치 역시 특정 개인의 요청이나 필요에 의해 이루어지지 않는다.

수평적으로 일하는 조직이 되기 위해 조직 구조의 층위를 아무리 최소화한다 해도 조직이나 직무 그룹을 이끄는 최소한의 리더가 존재한다. 구성원 개개인이 업무 자율권과 의사결정 권한을 갖더라도 그 크기는 개인 역량에 따라 다를 수밖에 없고 누군가는 조직의 큰 문제를 결정하는 역할을 해야 한다. 수평적으로 일하는 조직이 되기 위해 중요한 것은 조직 층위가 아니라 조직 층위를 통해 얻는 특정 개인의 권력과 혜택을 최소화해야 한다는 점이다.

직책에 부여되는 권력과 혜택이 최소화돼야 역량이나 리더십이 부족한 이가 콩고물을 얻기 위한 정치질을 시도하지 않는다. 수평적으로 일하는 조직에서 리더는 더 많은 업무와 역할, 그에 대한 책임을 지는 자리이지 개인 집무실이나 법인카드, 차량 유지비를 받아가는 자리가 아니다. 개인에게 부여된 역할과 책임에 대한 보상은 기본급, 다시 말해 연봉으로 보상해주면 된다. 리더에게 별도의 보상이나 복리후생이 주어지면 그 자체로 구성원 간 '급'이 나뉘고 일종의 상하관계가 만들어지는 셈이다.

극단적으로 들릴 수 있겠지만 수평적으로 일하는 조직에서는 리더에게 주어지는 인사권도 제한된다. 사실 리더의 인사권이 제한되는 것은 수평적인 조직 구조와 목적조직 중심으로 일함으로써 발생하는 결과에 가깝다. 일단 직급 단계가 없고 직책의 수가 줄어들었기 때문에 승진 심사나 직책 보임에 대한 권한이 자연스레 사라진다. 게다가 개별 직무 전문가들이 목적조직으로 구성되어 일하므로 업무상 직접적인 관여나 관리 요소가 줄어든다. 결과적으로 리더가 발휘할 수 있는 인사권은 직무 역량에 대한 평가로 보상 결정에 중요한 참고 자료를 제공하는 정도다. 리더의 직무 역량 평가가 직접적인 보상으로 이어지지 않는 것이 의아할 수 있다. 이에 대한 자세한 내용은 뒤에서 다룬다.

리더의 인사권이 제한되는 데서 오는 장점도 있다. 모든 조직에 리더가 있을 필요는 없다는 점이다. 기성기업에서는 직책에 공석이 발생하면 조직관리가 어려워지기 때문에 겸임이든 다른 방식이든 빠른 시일 내로 공백을 메워야 한다. 그런데 수평적으로 일하는 조직은 개개인에게 업무 자율권과 의사결정 권한이 있고, 리더에게 주어지는 인사 관리 역할도 최소화되어 있어 적임자가 없다면 굳이 리더를 세울 필요가 없다. 권한과 혜택이 없더라도 리더는 하나의 조직을 대표하고 조직 내 구성원을 이끌어야 하므로 적합한 사람이 나타날 때까지 신중하고 또 신중해야 한다.

간혹 인사권이 없기 때문에 조직관리가 불가능하다고 볼멘소리를 하는 사람이 있다. 개인적으로 평가와 보상에 대한 인사권이 없어 조직이나 업무 관리를 못한다고 하는 리더치고 실력 있는 리더를 본 적이 없다. 리더는 직책에 주어진 권한으로 구성원을 관리하는 사람이 아니다. 좋은 리더는 본인의 실력과 역량 그리고 소통으로 동료를 감화시키고 이끄는 사람이다.

추가적으로 수평적으로 일하는 조직이 되기 위해서는 정보의 공유가 투명하게 이루어져야 한다. 수평적으로 일하는 조직에서는 개인에게 업무 자율권과 의사결정 권한이 있다. 구성원 개개인이 제대로 된 의사결정을 내리기 위해서는 충분한 정보가 공유돼야 한다. 그리고 의사결정에 참여하는 모든 이는 비슷한 수준의 정보를 가지고 있어야 생산적으로 논의할 수 있다. 정보 접근에 제한이 있으면 업무 담당자가 의사결정을 제대로 내리지 못하는 것에 더해 그 자체로 일종의 서열이 형성될 수 있다. 예나 지금이나 정보에 대한 접근과 통제 권한은 그 자체로 권력을 상징하기 때문이다.

수평적으로 일하는 조직에서 다양한 협업 툴을 사용하고 주기적인 미팅이나 타운홀 미팅town hall meeting을 개최하는 것도 정보를 투명하게 공유하기 위함이다. 특히 목적조직은 서로 다른 직무 전문가들이 모인 집단이다 보니 소통 과정에서 필연적으로 이해 차이가 발생한다. 서로 눈높이를 맞추고 생산성 있는 논의와 합리적인 의사결정을 하려면 원활한 소통과 정보 공유가 필수다. 타운홀의 목적은 정보 공유와 조직 정렬에 있는 것이지 소통하는 척하고 싶은 꼰대들의 허영심을 채우기 위함이 아니다.

마지막으로 재차 강조하지만 수평적으로 일하는 조직이 되기 위해서는 구성원의 역량이 높아야 한다. 리더나 직책자의 관리 없이 자율적으로 업무를 수행하고 개인의 재량에 따라 본인의 영역에서 의사결정을 내릴 수 있어야 하기 때문이다. 그리고 직무 역량에 더해 수평적으로 일하는 조직에 잘 적응할 수 있을지 조직 적합성도 면밀히 따져봐야 한다.

앞에서 언급한 몇 가지 조건을 볼 때 기존에 수직적으로 일하던 기업이 수평적으로 일하는 조직이 되기는 현실적으로 불가능하다. 단순히 조직 구조만 변해서 될 것이 아니라 HR을 비롯한 조직 운영 방식 자체가 달라져야 하고, 내부 구성원의 평균적인 역량 수준 또한 높아져야 한다. 수평적으로 일하는 조직을 만들기 위한 가장 현실적인 조언은 스타트업이 생겨날 때 이 모든 것을 충분히 고려해야 한다는 것이다. 방향성이 정해진 조직은 생각보다 변화하기 어렵다.

LEAN HR

스타트업이 조직문화로
완전한 솔직함을 추구하는 이유는 무엇일까?

솔직한 의사소통은 업무 효율을 높인다.
그 솔직함은 '나'부터 해당한다.

사회 초년생 시절에는 메일 한 통 보내는 것도 고역일 때가 있다. 상대방 기분이 나쁘지 않게 업무를 부탁하거나 상대방의 요청을 정중하게 거절해야 할 때는 그래도 할 만하다. 상대방의 귀책이 명확하고 그 책임을 물어야 할 때도 온갖 중립적인 표현을 동원해 돌려 말해야 한다. 반대로 나중에 우리 쪽에서 책임질 일을 만들지 않기 위해 최대한 애매하고 모호한 방식으로 답변해야 하는 경우도 있다.

사회물을 먹은 기간이 늘어나면 늘어날수록 애매하고 모호한 커뮤니케이션에 점차 익숙해져 간다. 이러한 방식이 대외적인 커뮤니케이션에는 도움이 될지 몰라도 조직 내부 의사소통이나 업무 진행에는 그다지 도움이 되지 않는다. 기성기업의 업무 회의는 항상 평화롭지만 대체로 아무런 결론에 이르지 못하고 끝나는 이유 중 하나가 바로 '정중한 돌려 말하기' 때문이다. 회의에 참석한 많은 이들이 무색할 정도로 문제의 본질에는 집중하지 않고 변죽만 울리다 서로의 입장 차이만 확인하고 회의는 끝이 난다. 보고서를 작성할 때도 이와 유사한 일이 발생하는데 흔한 중간 관리자들은 보고서를 검토하는 단계에서 보고서의 본질이나 내용보다는 소위 '워딩' 하나에 목숨을 건다.

애매모호한 의사소통으로 인해 간혹 우스운 경우가 발생하기도 한다. 한쪽에서는 매우 강력하게 요청했다고 하는데 반대쪽에서 느낀 체감은 그저 그런 수준의 요청인 경우가 있다. 반대로 어떤 요청을 완곡하게 거절했는데 상대편에서는 요청을 수락한 것처럼 인지하기도 한다. 이럴 경우 입장 차이를 확인하기 위한 또 다른 의사소통 과정이 동반되고 결과적으로 잘못된 의사소통을 바로잡기 위해 시간과 비용이 이중 삼중으로 든다.

이러한 방식의 의사소통을 커뮤니케이션 스킬 혹은 정치력 같은 거창한 표현으로 포장하지만 본질적으로는 조직에 해만 될 뿐이다. 비효율적인 의사소통이 일어나는 이유는 의사소통 주체가 무능하거나, 책임을 지기 싫거나, 아니면 무능한데 책임까지 지기 싫어하기 때문이다. 적시에 의사결정을 내릴 수 있는 능력이 없거나 아는 것이 적으니 상황을 모면하기 위해 두루뭉술한 표현으로 대체하는 것이다.

그런데 그런 사람들이 무능하다면 왜 정치적 수사에 뛰어난 사람들 위주로 직책자가 되는 것일까? 기본적으로 기성기업의 승진 후보군은 일반 사무직 출신의 고만고만한 역량과 경력을 지니고 있다. 다시 말하면 큰 사고만 치지 않으면 과락을 면하고, 책잡힐 일을 덜 하는 사람이 높게 평가받는 구조다. 일을 잘하는 사람이 승진하는 것이 아니라 일을 잘 쳐내는 사람이 승진하는 구조인 셈이다.

반면 일반적인 스타트업에서는 직선적이고 직접적인 의사소통을 선호한다. 이러한 방식의 의사소통이 업무 효율성을 증가시키고 조직의 속도를 빠르게 만든다. 직선적이고 직접적인 의사소통을 추구한다고 해서 막말이나 예의 없음을 용인하는 것은 아니다. 격동의 80년대생 이상이라면 개인 휴대폰이 없고 집 전화만 있던 시절, '용건만 간단히' 하는 것을 의사소통 표준으로 삼던 때를 기억할 것이다. 명확하고 직접적인 표현으로 의사소통이나 피드백에 혼선을 주지 말자는 것이다.

하나의 언어로 소통하니 모두가 같은 말을 한다고 생각하기 쉽지만 대화에 쓰이는 단어 하나에도 개인에 따라 그 정의나 받아들이는 느낌의 정도가 다르다. 그렇기 때문에 최대한 직접적이고 명확하게 표현해야 의사소통 문제가 덜 발생한다. 에둘러 말하면 좋은 사람이 된 마냥 기분은 좋아지겠지만, 만약 그로 인해 추가적인 의사소통이 필요하다면 사람 좋은 척의 대가로 동료의 귀중한 시간을 낭비한 셈이다.

게다가 직선적이고 직접적인 의사소통이 단순히 업무의 효율성만 올려주는 것이 아니다. 수평적으로 일하는 조직이나 목적조직에서는 구성원이 올바른 방향으로 정렬될 수 있도록 서로가 피드백을 주고받는 문화가 있어야 하고 그러기 위해선 신뢰가 형성돼야 한다. 그리고 그 신뢰를 쌓는 과정에서 필요한 것이 바로 직선적이고 직접적인 의사소통에 기반하는 '완전한 솔직함'이다.

수평적으로 일하는 조직에서는 완전한 솔직함 또는 지독한 솔직함으로 번역되는 'Radical Candor'를 추구한다. 언뜻 생각했을 때 상호 간의 직접적인 대립이나 솔직함이 신뢰로 이어진다는 말이 납득되지 않을 수 있다. 대부분 싫은 소리보다는 듣기 좋은 소리를 선호하고 어쨌든 불편한 말보단 칭찬을 들을 때 기분이 더 좋다. 그러나 그런 말들로 인해 기분이 좋아졌다고 해서 자신에게 위선을 전하는 상대방까지 신뢰하는 사람은 없다.

직접적인 대립이나 직선적인 의사소통이 이루어지기 위한 전제가 있다. 상대방에 대한 관심과 애정이 있어야 한다. 상대방이 어떠한 목적과 의도로 그렇게 행동하는지 그리고 무엇을 중요하게 여기는지 알아야 한다. 명확한 사실 관계 파악이나 상대방이 처한 상황, 맥락에 대한 이해 없이 겉으로 드러나는 현상만으로 직접적 대립이 이루어진다면 십중팔구 서로 감정만 상할 뿐이다. 완전한 솔직함이란 단순한 지적질이 아니다. 더 나은 방향으로 나아가기 위한 의사소통과 피드백의 과정이고 신뢰를 형성해가는 과정이다.

완전한 솔직함을 상대방에 대한 솔직함으로 이해하기 쉬우나 실상은 자기 자신에게 솔직해지는 과정이다. 예를 들어 동료의 업무 방식으로 인해 자신을 비롯한 다른 동료가 불편함을 겪는 경우가 있을 수 있다. 그러한 상황에서 그저 상황을 참고 견디는 것은 상대방을 배려하는 것이 아니다. 동료에게 느끼는 감정과 동료를 대하는 표현 사이의 괴리가 발생한다는 것은 바꿔 말해 자신의 감정을 속이고 상대방에게 겉과 속이 다른 행동을 하는 것이다.

영화나 드라마를 보면 피아식별을 하는 과정에서 양손을 들어 상대방을 해칠 의도가 없음을 증명한다. 완전한 솔직함은 상대방과 상황에 대해 자신의 생각과 감정을 전달하고 상대에게 선의가 있음을 증명하는 과정이다. 솔직함을 방패 삼아 감정적 난사를 하라는 얘기가 아니다. 완전한 솔직함을 추구하는 과정은 다른 한편으론 상대방에 대한 자신의 겸손함을 보여주는 과정이기도 하다.

물론 피드백을 받는 쪽도 상대방의 선의를 편견 없이 받아들여야한다. 쓴소리를 들었다고 해서 상대방에게 감정적으로 대응하는 순간 신뢰는 무너진다. 양손을 보이며 다가온다면 그 손을 마주 잡으면 된다. 그리고 그 과정을 통해 신뢰를 공고히 하고 서로 성장할 수 있는 기회로 삼으면 된다. 양손을 들어 해칠 의도가 없음을 보이는 상대에게 총을 쏘는 행위는 일종의 전시국제법 위반이다.

수평적 조직과 목적조직은 원활한 협업을 전제로 한다. 전쟁과 같은 사업 환경에서 서로의 등을 지켜줄 수 있는 사이가 되려면 있는 그대로 자신을 보여주고 신뢰를 쌓아가야 한다. 그러나 겉과 속이 다르고 속을 알 수 없는 사람은 신뢰할 수 없고 등을 내어줄 수도 없다. 언제 등에 칼이 꽂힐지 알 수 없기 때문이다.

스타트업은 일을 하기 위해 성숙한 직무 전문가들이 모인 곳이다. 당장은 듣기 좋은 말이 편할 수 있지만 그것이 불편하고 좋지 않은 내용일지라도 진실을 대면하기를 원할 것이다. 에둘러 말하는 것이

도리어 불필요한 오해를 낳을 수도 있다. 상대방에 대한 관심과 선의에 기반한, 직접적이지만 겸손하고 솔직한 피드백이 이루어지면 진심은 전달되기 마련이다.

가치체계
수립 방법에 대하여

고유의 가치체계나 인사 철학 아래에서 성장하면 좋겠지만 모든 스타트업이 탄생과 동시에 미션과 비전, 핵심가치를 지니고 있지는 않다. 그보다는 어느 정도 사업의 방향성이 잡히고 조직이 커지는 과정에서 가치체계의 필요성을 인지하고 가치체계를 수립하려는 경우가 많다. 만들어진 가치체계에 대한 준수는 논외로 하고 가치체계 수립 과정에서 참고하면 좋을 몇 가지 조언을 하려고 한다.

하나, 조직의 과거 성공에 기여했던 가치를 채용해야 한다.
대다수 스타트업은 실패에 매우 엄격하고 구체적인 회고를 진행한다. 그러나 성공에 대한 회고는 하지 않거나 실패 회고만큼 공을 들이진 않는다. 실패에 대해 대한 회고는 똑같은 실수를 되풀이하지 않게 하지만, 성공에 대한 회고가 적절히 이루어지지 않으면 성장이 멈추었을 때 과거의 성공 경험을 되풀이하기 어렵다.

기업의 가치체계를 수립하는 과정에서는 성공에 대한 회고가 반드시 필요하다. 스타트업은 조직이 지닌 약점과 한계를 소수의 명확한 강점으로 상쇄해야 하는 조직이다. 다만 조직의 성공을 이끌었던 가치를 찾는 과정에서 전염병의 창궐이나 국가 간 전쟁처럼 통제와 예측이 불가능한 요소가 영향을 준 부분은 배제해야 한다.

둘, 조직이 나아가고자 하는 방향을 제시해야 한다.
가치체계 수립 목적은 궁극적으로 더 나은 조직이 되는 것이다. 과거 조직의 성공을 이끌었던 가치 중에서 현재 조직이 지향하는 가치와 다른 가치가 존재할 수 있다. 반대로 과거에는 고려하지 않았지만 현재 조직에는 필요한 가치가 있을 수 있다. 좋은 가치체계는 어떤 조직이 되고자 하는 것인지 구성원에게 지향점과 목표를 알려줄 수 있어야 한다.

셋, 가급적 적은 수의 가치나 기준으로 구성해야 한다.
가치체계는 조직의 지향점을 제시하는데 조직의 지향은 변화를 동반하는 경우가 많다. 서로 다른 개인으로 구성된 조직에서 변화를 이끄는 일은 결코 쉬운 일이 아니다. 현재에 비하여 너무 많은 변화를 얻고자 욕심부리면 아무것도 변화시키지 못할 확률이 높다. 가치체계는 일반적인 직장인이라면 가져야 할 수많은 소양 중 고르고 추리고 또 골라서 우리 조직에 적합하고 필요로 하는 최소한의 것들로 구성하는 것이다.

넷, 조직의 가치체계는 불변하는 것이 아니다.
많은 이들이 착각하는데 가치체계를 만드는 일은 성경이나 율법을 쓰는 것이 아니다. 외부 환경이 변화하고 조직이 성장하는 과정에서 조직의 가치체계 역시 변화하고 성장해야 한다. 사업 환경이 바뀌고 기술이 발전하는데 예전의 일하는 방식을 고수해서는 안 된다. 일하는 방식이 바뀌면 조직이 추구하는 가치 역시 변화해야 한다. 물론 조직의 가치체계를 사업 계획 세우듯 매년 뒤집어엎어서는 안 되겠지만 조직 상황에 따라 얼마든지 개편할 수 있다.

마지막으로 조언 아닌 조언을 하자면 조직의 철학과 가치체계를 세우는 과정에서 벤치마킹은 적당히 하라. 유명 기업의 가치체계를 베껴온다고 해서 세상 모든 회사가 구글, 아마존, 테슬라처럼 될 수 있는 것은 아니다. 그들처럼 일하는 방식과 문화를 가질 것도 아니면서 어설프게 그들의 비전, 미션, 핵심가치를 따라 해봐야 세간의 비웃음만 살 뿐이다. 결정적으로 벤치마킹을 지시하는 자 역시 래리 페이지, 제프 베이조스, 일론 머스크만 한 역량과 자질을 갖고 있는 것도 아니니 말이다.

4

조직관리

Q

OKR이
KPI보다 무조건 좋은 것일까?

우열의 문제가 아니라 조직 적합성의 문제다.
조직관리에 은탄환은 없다.

특성이 비슷하다고 해서 무조건 호환되진 않는다. 가령 청소솔과 칫솔은 둘 다 틈새를 닦아내는 '솔' 역할을 하지만 그렇다고 해서 청소솔로 양치질을 하는 사람은 없을 것이다. 물론 칫솔을 청소에 사용하는 경우는 있지만 그 역할은 제한적일 것이고 칫솔로 모든 청소를 해야 한다면 매우 심각한 비효율에 직면하게 된다. 쓸데없는 이야기로 글을 시작한 것은 별 생각 없이 KPI를 OKR로 대체하려는 최근의 유행이 청소솔로 양치질을 하는 것과 진배없는 상황이기 때문이다.

OKR objectives and key results과 KPI key performance indicator는 둘 다 MBO management by objective에서 유래한다. 목표에 의한 관리라고 번역되는 MBO는 번역 그대로 목표를 설정하고 목표 달성도에 따라 사업이나 프로젝트를 관리하는 기법이다. KPI는 MBO를 통한 관리가 이루어질 때 활용되는 중요한 핵심성과 '지표'다. 반면 OKR은 MBO의 철학에서 출발해 여러 사람을 거치면서 정리와 발전을 거듭한 끝에 오늘날의 형식으로 확정된 '체계'다.

다시 말해 OKR과 KPI는 넓은 의미의 MBO와 관련된 개념이지만, 하나는 체계이고 하나는 지표이기 때문에 성향이 다르다. 동등한 관점에서 비교하려면 OKR과 KPI를 지표로 활용한 MBO 간의 비교가 이루어져야 한다. 다만 논의의 편의를 위해 OKR과 KPI로 대응을 가정하고 글을 이어가려고 한다.

어떤 제도나 체계를 볼 때는 겉으로 드러나는 운영 방식보다 그 목적부터 파악해야 한다. 결론부터 빠르게 짚고 넘어가면 OKR은 성과 개발 혹은 성장 관리에 그 목적이 있고, KPI는 성과 관리에 초점이 있다. OKR은 그게 무엇인지 알 수 없지만 더 나은 상황으로 질적 변화를 꾀하기 위한 것이고 KPI는 기존의 사업적 성과에 대한 양적 개선을 목적으로 한다.

OKR과 KPI를 설명할 때 흔히 여정에 비유하곤 한다. OKR은 앞이 보이지 않는 상황에서 무언가(Mission/Vision)를 찾기 위해 한 방향(Objective)을 설정하여 그곳으로 향하는 과정(Key Result)을 관리하는 것이고, KPI는 목적지에 대한 방향이 정해진 상황에서 정해진 기간 동안 얼마나 전진할지 정하고 진도율을 관리하는 것이라 볼 수 있다.

OKR은 체계이고 KPI는 지표이기 때문에 OKR은 목표의 정렬을 우선하고 KPI는 지표의 정렬을 우선시한다. 앞이 흐릿한 상황에서 조직의 방향이 정렬되어 있지 않으면 우왕좌왕할 수밖에 없다. 따라서 OKR을 활용하는 회사는 병렬적인 조직 간의 목표가 어떻게 정렬되고 상호보완적인지를 중점으로 본다. 반면 얼마나 전진해야 할지 정하는 상황에서는 누가 얼마의 몫을 담당할지 정하는 것이 중요하다. 따라서 KPI를 활용하는 회사는 상하위 조직 간의 지표가 얼마나 잘 분배되었는지를 본다. 다시 말해 상위 조직의 KPI는 하위 조직의 KPI로 상속된다.

이에 더해 OKR이 목표(Objective)에 다다르는 과정에 초점을 둔다면 KPI는 결과에 초점을 둔다. KPI는 투입(Input) 대비 산출(Output)을 관리한다. 목표 수준의 달성 여부가 최우선 과제이고 그 과정에서 투입 대비 산출의 효율성도 고려한다. 반대로 OKR은 단순히 수단(Initiative)에 따른 결과(Key Result)를 보진 않는다. 실행에 따른 결과(Key Result)가 최종 목표(Objective)에 어떤 결과적 영향(Outcome)을 미쳤는지 따져보고 이를 다음 OKR에 반영한다.

KPI와 OKR이 어떻게 활용되는지 보면 그 차이는 조금 더 명확해진다.

KPI는 이익을 창출하기 위한 여러 요소들의 관계가 정립되어 있는 일종의 방정식이 명확한 조직에서 활용된다. 다시 말해 제품과 서비스가 명확한 조직에서 사용하기 쉽고 성과 방정식에서 가장 중요한 몇 가지 변수가 KPI로 활용된다. 주요 변수 그러니까 KPI만 제어한다면 이익과 성과가 나온다는 것을 가정하기 때문에 성과를 예측하여 KPI의 목표 수준을 설정한다.

많은 변수 중에서 KPI를 고르는 기준은 성과 방정식에 대한 과거 경험치를 근거로 한다. 그래서 연중 KPI가 바뀌는 일은 극히 드물고 해가 바뀌더라도 KPI의 항목은 그대로 유지되는 경우가 많다. KPI의 목표치를 설정하는 기준 역시 대개 직전 해의 KPI 결과를 활용한다. 반대로 말하면 KPI는 조직의 과거 경험치에 따라 설정되기 때문에 구성원 개인의 입장에서는 자기 통제의 영역이 적고, 실제로 KPI는 하향식top-down으로 내려오는 경우가 많다.

KPI의 성과 관리는 목표 대비 진행률(%)로 이루어지고 KPI 간 우열이나 가중치 설정도 편하다. 다시 말해 KPI를 활용하면 산술식이나 연산에 따라 정량적인 조직 평가 혹은 개인 평가가 가능하다는 것이다. KPI를 평가와 연동하는 경우 KPI를 설정하는 데 정교한 논의가 이루어지기도 하고, 조직 성과가 임원 개인의 성과에 연동되다 보니 일종의 정치적 영향력이 작용하기도 한다. 그래서 기성기업에서는 연말 연초가 되면 KPI 정교화 작업에 많은 기획 부서 임직원들이 야근을 쏟아붓는 모습을 볼 수 있다.

반면 OKR은 명확하지 않은 상황에서 일종의 방향을 제시하는 역할을 한다. Objective는 조직의 미션과 비전에 정렬하여 조직의 존재 가치를 증명할 수 있는 단기 목표의 역할을 한다. 그런데 OKR을 주로 활용하는 스타트업의 경우 목표(Objective)는 기존에 없었던 문제일 것이고, 그 과정(Key Result)이나 수단(Initiative)에 대한 과거의 경험치도 부족할 것이다. 따라서 목표에 도달하는 과정이나 수단은 구성원의 자발적이고 적극적인 참여로 이루어질 수밖에 없다. KPI와 달리 OKR을 활용하는 경우 구성원의 자기 통제 영역이 더 넓어지기 때문에 목표 설정 과정에서 하향식top-down과 상향식 bottom-up이 동시에 일어난다.

일반적으로 OKR 중 Objective는 달성하기 어려운 수준Moon Shot 으로 설정하라고 말한다. 여기에는 몇 가지 이유가 있는데 가장 중요한 것은 구성원에게 동기부여와 집중을 유도하기 위함이다. 언뜻 이해하기 어려울 수 있으나 어느 정도 게임에 익숙해진 유저가 어려운 난이도를 마주하면 소위 '빡겜'을 하게 되는 것과 유사한 심리다. 구성원의 역량과 자아실현의 욕구가 일정 수준 이상에 있다면 도전적인 과제는 충분히 동기부여 역할을 할 수 있다. 또 다른 이유는 애초에 정교한 목표가 설정되지 않는다는 것이다. 대외 환경은 빠르게 변하고 제품과 서비스 역시 명확하지 않은 상황에서 목표의 정교화를 하는 것은 시간 낭비일 뿐이다.

외부 환경이 빠르게 변하고 목표의 정교함에 큰 노력을 쏟지 않기 때문에 OKR를 활용하는 조직은 설정 주기를 짧게 가져갈 수밖에 없다. 부정확한 목표로 한해살이를 할 수 없으니 말이다. 대신 OKR 을 달성해가는 과정에서 시장의 반응에 따라 학습과 피드백을 수행하고 새로운 OKR을 설정하는 과정을 반복하면서 성장을 관리한다. 따라서 OKR을 활용하는 조직은 일반적으로 분기 단위로 OKR 을 설정하고 운영한다. 이런 이유로 구성원에게 동기를 부여할 수 있는 가슴 뛰는 목표를 설정하고 정교하지는 않더라도 명확한 방향을 제시할 수 있는 목표를 설정하는 것이다.

OKR은 도전적인 목표로 운영되므로 평가에 활용하기에는 적합하지 않다. 앞서도 언급했지만 요즘 같은 환경에서는 실패가 기본값이다. 도전적인 목표를 설정하고 달성하는 것이 최선이지만 실패를 통한 학습과 피드백도 충분한 가치를 지닌다. 만약 OKR을 바탕으로 평가하면 도전적인 목표가 아닌 소극적인 목표를 세울 것이고, 이는 의미 있는 실패와 학습이라는 시스템의 오작동으로 이어질 수 있다.

그리고 현실적으로 OKR을 정교화하는 것이 불가능하다. 스타트업이나 수평적으로 일하는 조직에서는 작은 단위로 목적조직을 나누고 각 목적조직마다 OKR을 활용하는데, 만약 OKR을 기반으로 평가하려면 그 많은 조직의 OKR을 비슷한 난이도로 조정해야 한다. 설령 그것이 가능하다 하더라도 정교화 과정을 분기마다 반복해야 하는데 배보다 배꼽이 더 큰 작업일 수 있다.

결과적으로 OKR은 성과 관리를 위한 것이 아니라 성장 관리를 위한 방향을 제시하고, 이러한 방향성을 이해관계자들에게 공유하기 위한 수단이다. 수평적으로 일하는 조직이나 목적조직은 구성원 개개인이 업무 자율권과 의사결정 권한을 가지고 있어 어떤 방향으로 구성원의 역량을 집중할지, 어떤 방향으로 결정을 내릴지 기준을 제시하는 것이다.

이렇듯 KPI와 OKR의 특성 차이로 인해 운영 주체가 상이하다. KPI의 경우 평가 및 보상으로 연계하기 쉬워 개별 사업부나 HR 주도의 성과 관리로 운영되는 경우가 많다. 반면 OKR의 경우 조직의 방향성을 결정하기 때문에 그러한 역할을 주도적으로 하는 PO나 PM 같은 기획 직무 중심으로 운영된다.

OKR과 KPI는 공개 범위도 다르다. OKR을 활용하는 스타트업의 경우 협업이 중요하므로 상대방이나 다른 조직에 대한 이해가 중요하다. 따라서 개별 조직이 서로의 방향성을 정렬하고 공유하는 과정이 필수적이므로 전사 조직의 OKR이 공개되고 공유된다. 반면 KPI를 활용하는 기성기업의 경우 기능조직 단위로 KPI 정렬이 이루어진다. 해당 조직의 기능 혹은 자신의 역할만 다하면 KPI가 달성되는 경우가 많아 공유의 중요성이 상대적으로 덜하고 실제로 상위 조직장이 다른 하위 조직 간의 KPI는 서로 공유되지 않는 경우가 많다.

실제 운영상 차이에 더해 OKR과 KPI는 일과 인간을 바라보는 관점 자체도 다르다. 그 차이를 간략하게 설명하면 OKR은 Y이론에 근거한다. 인간에게 일은 자연스러운 것이고, 인간은 자아실현이나 보람과 같은 내재적 동기에 의해 자율적이고 능동적으로 움직인다는 것이다. 반대로 KPI는 X이론에 근거한다. 인간은 일을 싫어하고 금전적 보상 같은 외재적 동기에 의해 움직이기 때문에 엄격한 관리 감독과 명령에 의한 통제가 필요하다는 것이다. 사실 무엇보다 이 부분이 중요한데, 조직이 구성원을 바라보는 관점이 다르면 일하는 방식과 조직문화가 달라진다. 이런 차이로 인해 OKR과 KPI는 상호 대체가 어려운 것이다.

그럼에도 불구하고 기성기업에서 KPI를 OKR로 대체하는 게 유행이라고 들었다. OKR은 수평적으로 일하는 조직 그리고 목적조직 중심의 스타트업에 어울리는 것이지 일하는 방식과 문화적 토양이 다른 기성기업에 무작정 도입할 수 있는 것이 아니다.

스타트업의 경우 조직 단계도 적고 구성원 개개인의 업무 자율권이 크기 때문에 OKR을 설정함에 있어서 하향식과 상향식이 동시에 진행될 수 있다. 다시 말해 분기마다 한 번씩 OKR을 설정하고 정렬하는 데 부담이 없다. 반면 기성기업은 개인의 의사결정 권한이 상대적으로 적어서 OKR 설정이 하향식으로 뿌려질 확률이 높다. 게다가 조직 구조 자체가 다단계이기 때문에 상하위 조직 간의 OKR을 정렬하려면 상위 조직에서부터 하위 조직까지 순차적으로 OKR을 설정해야 하고 그 과정에서 많은 시간이 소모된다. 그리고 같은 층위의 조직끼리 OKR 공유와 정렬까지도 이루어져야 한다. 이를 분기마다 하는 것은 시간 낭비이고, 1년에 한 번 할 것 같으면 굳이 OKR을 사용할 필요도 없다.

게다가 다단계 조직 구조를 거치면 개인 입장에서는 OKR 효과성이 사라진다. OKR 작성 편의성 때문인지 상위 조직의 KR을 하위 조직의 O로 설정하는 경우가 있다. 왜 그런 식의 가이드가 존재하는지 모르겠으나 그렇게 되면 상위 조직의 측정 가능한 KR이 하위 조직의 가슴 뛰고 도전적인 목표 O가 되는 문법적으로도 역설적이고 이상한 상황이 벌어진다. 이런 단계를 몇 번 반복하다 보면 개인에게는 지엽적인 KR 혹은 Initiative가 분배되는데 이는 기존 KPI 분배와 크게 다르지 않은 결괏값으로 나타난다. 이렇게 되면 개인의 입장에선 '굳이 왜 OKR을?'이라는 의문이 드는 상황이 생기는 것이다.

그리고 결정적으로 OKR이 잘 작동하려면 일하는 과정에서 공유와 소통이 활발해야 하고 OKR 주기가 끝날 때마다 학습과 피드백이 이루어져야 한다. 그리고 그것을 바탕으로 필요한 경우 OKR의 방향 전환과 함께 조직의 전환이나 자원의 재배치도 이루어져야 한다. 과연 기성기업에서 이런 과정을 3개월마다 반복할 수 있을까?

OKR은 그 자체만으로 조직의 성장을 담보하지 않는다. 수평적으로 일하는 조직 그리고 목적조직 중심으로 일하는 스타트업에서 성장 관리를 위해 활용할 수 있는 MBO 방식 중 하나일 뿐이다. 조직의 특성이나 일하는 방식이 변하지 않는데 OKR을 적용한다고 한들 조직의 피로도만 커질 뿐이다. 물론 OKR을 선택하든 KPI를 선택하든 회사의 MBO 방식으로 택해서 활용할 수는 있다. 그러나 앞서 언급했듯이 할 수 있냐 없냐 그것의 실행 가부가 중요한 것이 아니다. 그게 효율적이고 우리 조직의 현황에 맞는지가 중요한 것이다.

LEAN HR

스타트업에
리더나 직책자가 꼭 필요할까?

수평적 조직을 수직화하는 요소는 신중해야 한다.

잠깐 복습을 해보자. 앞서 몇 개의 글에서 스타트업의 리더, 직책에 대해 언급했다. 스타트업의 HR 조직 규모를 이야기하면서 코스트 센터의 HR 직무 담당자가 프로핏센터의 직무 리더의 인사 관리 업무를 대체하는 것이 비용 대비 효과성 측면에서 이득이라고 했다. 두 번째로 수평적으로 일하는 조직을 만들기 위해서는 직책의 수나 단계를 최소화해야 한다고 했다. 이번에는 보다 직접적으로 스타트업에서 리더나 직책자를 함부로 선임하면 안 되는 이유, 직책 중심으로 조직을 운영하면 안 되는 이유를 이야기한다.

초기 스타트업의 리더 혹은 직책은 중장기적으로 채용에 악영향을 줄 수 있다. 뜬금없이 무슨 소리인가 싶겠지만 특정 직무나 특정 조직의 리더가 채용 역량의 상한선으로 작용하기 때문이다. 다시 말해 직무나 조직의 리더보다 뛰어난 구성원을 채용하기 어렵다는 것이다. 그것이 본인의 입지를 위태롭게 만들어서든 조직 운영에 어려움을 겪어서든 리더는 자신보다 우수한 구성원이 오는 것을 불편하게 여긴다. 기성기업에서 나이 많은 팀원이 들어오는 것을 꺼리는 팀장의 마음처럼 말이다.

반대로 구직자 입장에서도 본인보다 역량이 떨어지는 리더 밑에서 일하고 싶어하지 않는다. 특히 이러한 현상은 스타트업 채용에서 더 두드러진다. 본인의 커리어를 스타트업으로 결정한 사람의 상당수는 금전적인 보상에 더해 개인의 성장이 회사 선택의 중요한 기준으로 작용하기 때문이다. 어떤 리더 혹은 어떤 동료와 일할 수 있는지가 상대적으로 경쟁력이 떨어지는 처우를 상쇄시키기도 한다.

창업 초기 별 고민 없이 어중간한 사람을 리더로 앉히면 시간이 조금 흐른 시점에서 그 이상의 역량을 채용하기 힘들어진다. 스타트업은 성장 단계가 지날수록 채용 시장에서 회사의 채용 브랜딩이나 금전적 보상의 매력도가 높아진다. 그럼에도 불구하고 일종의 천장이 되어버린 리더의 역량으로 인해 해당 조직이나 직무에서는 채용에 어려움을 겪기도 한다.

리더를 바꾸면 되지 않느냐고 물을 수 있다. 하지만 그게 무엇이든 주는 것은 쉬워도 빼앗기는 어렵다. 명분 없이 더 나은 사람을 채용하기 위해 회사가 손쉽게 리더를 갈아치우면 당사자는 물론 다른 구성원에게도 영향을 준다. 리더의 변경으로 조직 분위기가 어수선해지는 것에 더해 소위 토사구팽이 벌어지는 듯한 인상을 줄 수 있다.

해당 직책 위에 상위 직책을 만드는 방안도 생각해볼 수 있다. 그런데 이 방식도 결과적으로 해당 조직의 어수선함과 사기 저하를 막진 못한다. 여기에 더해 직책 위에 직책을 만들어버리면 조직 구조가 수직적인 형태로 변해버리는 결과를 가져온다. 다단계 직책 구조는 빠르게 움직여야 하는 스타트업에 좋지 않다. 따라서 업계에서 누구나 인정할 만한 능력이나 경력을 갖고 있지 않는 이상 직책이나 리더 역할을 주는 것은 신중해야 한다.

직책 중심 조직 운영은 조직의 속도를 느리게 만든다. 직책을 중심으로 조직이 운영된다는 것은 직책자에게 해당 조직에 대한 책임이 부여된다는 소리다. 어떤 한 사람에게 책임이 몰리면 의사결정 역시 자연스레 몰리기 마련이다. 현명한 사람이라면 일의 경중에 따라 의사결정 권한을 위임하겠지만, 기성기업의 대다수 직책자들은 하나부터 열까지 본인이 관리하고 결정하려 든다. 마치 그것이 꼼꼼함과 헌신을 대변한다는 양 말이다. 물론 그것은 그저 착각일 뿐이다. 어찌 되었든 의사결정이 한군데로 몰리면 조직은 느려질 수밖에 없다.

또한 직책 중심으로 조직을 운영하면 조직문화가 망가진다. 직책 중심의 조직 운영은 직책자에게 인사권을 비롯한 일종의 권력을 부여하는 것이다. 그러한 권력 구도가 생겨나면 직책자를 둘러싼 정치가 발생하고 파벌이 형성된다. 정치가 생겨나면 자원의 배치에도 정치 논리가 개입되어 구성원 간 협업을 어렵게 만든다. 즉, 직책 중심의 조직 운영은 정치가 생겨나는 데 더해 일하는 방식에도 좋지 않은 영향을 미친다.

수평적으로 일하는 스타트업은 일하는 방식을 빚어가는 과정에 많은 노력을 기울인다. 그런데 직책의 권한이나 입김이 클수록 조직이 아닌 직책자에 따라 일하는 방식이 바뀌게 된다. 법은 멀고 주먹은 가까운 것처럼 조직문화는 멀고 직책자는 가까이 있기 때문이다. 그라운드 룰로 작용해야 할 조직의 가치체계보다 직책자의 스타일이 우선시되는 것만으로도 큰 문제지만, 직책자가 바뀔 때마다 해당 조직의 일하는 방식 또한 덩달아 휘청거리는 것도 문제가 될 수 있다.

뒤에 자세히 다루겠지만 보상은 상대적이다. 자신이 얼마를 받느냐보다 자신과 비슷한 동료를 기준으로 그보다 많이 받느냐 적게 받느냐를 중요시 여긴다. 그런데 보상의 상대성은 단순히 금전적 보상뿐만 아니라 직책과 같은 비금전적 보상에도 해당된다. 직책 중심으로 조직이 운영되면 직책의 보상 매력도는 더 높아진다. 그러나 직책은 한정적일 수밖에 없고 회사의 주요 구성원이 직책을 통한 보상을 요구하면 직책을 위해 조직을 만드는 일까지 발생하는 것이다. 당연히 이런 식의 조직관리는 독으로 작용한다.

직책 중심의 운영을 지양해야 하는 마지막 이유는 좋은 직무 전문가라고 해서 꼭 좋은 직책자라는 법은 없기 때문이다. 조직 내부에서 오랜 시간을 거쳐 조직의 일하는 방식이나 문화를 잘 이해하는 구성원이 직책자가 된 것이라면 그나마 낫다. 그러나 보통 빠른 성장을 위해 상대적으로 규모 있고 이름 있는 회사의 직무 전문가를 높은 보상과 직책 부여를 통해 모셔오는 경우가 많다. 역설적이게도 이렇게 들어온 직책자가 조직을 망쳐버리는 사례를 꽤나 많이 봤다.

이런 직책자는 회사의 일하는 방식이나 조직문화적 특성에 대한 고민과 철학 없이 본인의 경험에 의존하여 자신이 편했던 방식으로 조직을 바꾸려 시도한다. 앞서 말한 것처럼 겉으로 드러나는 HR 제도는 현상일 뿐 그 자체로는 아무런 가치나 목적을 지니지 않는다. 조직이 본인의 뜻대로 변하지 않으면 본인에게 주어진 권력을 휘두르곤 하는데 당연히 이런 방식은 좋지 않은 결말로 끝나는 경우가 많다. 해당 직책자는 자신의 실책을 인정하지 않고 그저 회사의 지원이 부족했다 변명하겠지만 말이다.

지금까지 글을 종합하면 적어도 수평적으로 일하는 스타트업에서는 비용 대비 효율성, 일하는 방식과 조직에 미치는 영향 등을 고려할 때 직책 중심의 조직 운영보다는 HR 직무를 통한 운영이 더 효과적일 수 있다. 그러나 이렇게 말하면 내가 HR 담당자로서 HR이 회사 주요 기능과 역할을 가져오기 위한 주장이라고 할 것이다. 일리가 없는 말은 아니다. '인사가 만사'라 주장하던 기성기업에서도 HR에 별다른 역할이나 기능을 부여하지 않았으니 말이다. 자조적으로 일반화하면 HR은 회사의 결정을 대신 전하는 욕받이 역할을 주로 수행했을 뿐 직책 중심의 조직 운영에 숨어 별다른 책임도 지지 않았다.

그런데 반대로 말하면 HR에 많은 역할과 기능이 부여될 경우 조직에서 생기는 HR 문제 역시 빼도 박도 못하게 HR의 책임이 된다는 소리다. 세간의 기대와 달리 HR 중심으로 조직 운영이 이루어지는 스타트업에 가보면, HR이 치열한 정치 다툼 가운데 있는 것이 아니라 정말 원초적인 HR 문제를 목도하고 해결하는 경우가 대부분이다. 만약 HR이 적당히 꿀을 빨고 싶었으면 몰래 뒤에서 빨았겠지 전면에 나설 이유가 하나도 없다.

LEAN HR

스타트업에서
좋은 리더란 무엇일까?

스타트업은 강한 리더십이 필요하다.
강한 리더십은 뛰어난 업무 역량을 바탕으로 한다.

스타트업에는 강한 리더십이 필요하다. 이 명제에 이견은 없다. 이를 잘못 해석하는 사람이 있을 뿐이다. 리더십은 외부에서 부여되는 성질의 것이 아니다. 리더십은 리더 본인의 영향력으로 조직의 목표를 달성할 수 있도록 구성원을 이끄는 힘이다. 평가나 보상 같은 인사권이 없어서 조직을 이끌 수 없다고 한다면 스스로 리더로서 자질이 없다고 자백하는 것과 마찬가지다. 반대로 말해 인사권으로 조직을 이끌 수 있다면 누구나 리더를 할 수 있는 셈이니 리더십을 강조할 필요도 없고 누가 리더가 되어야 할지 고민할 필요도 없다.

다시 한번 명확하게 하고 넘어가자. 특정 개인의 권한을 통해 임명된 직책자와 동료의 인정을 바탕으로 그들을 이끄는 리더는 분명히 구별돼야 한다. 수평적으로 일하는 스타트업에서 다단계 조직 구조와 직책 단계 그리고 그에 주어진 권력과 혜택은 절대적으로 불필요하다. 하지만 조직의 중심을 잡아주는 역할을 하면서 동료의 업무를 지원하고 중요한 문제에 대한 해결과 결정까지 담당할 수 있는 리더는 반드시 필요하다.

스타트업에서 말하는 리더는 조직 구조에 기반한 것이 아니라 해당 직무나 직렬 그룹의 전문가라 보는 것이 이해하기 쉽다. 스타트업의 리더라고 해서 특별한 역량을 요구하지는 않는다. 일반적으로 생각하는 좋은 리더가 스타트업에서도 좋은 리더다. 현실에서 좋은 리더를 만나기 어려워서 그렇지.

고루하게 느낄 수 있지만 리더는 앞장서야 한다. 보스는 뒤에서 지시하지만 리더는 누구보다 먼저 적진으로 뛰어드는 선봉장이다. 조직을 바꾸고 싶다면 리더가 제일 먼저 변해야 하고, 조직문화를 강하게 만들고 싶다면 누구보다 조직의 핵심가치와 일하는 방식을 수호하고 전파해야 한다.

당연하게도 업무 역량 역시 뛰어나야 한다. 직무 리더라면 조직에서 가장 어려운 문제를 담당해야 하고 그와 동시에 업무적으로 어려움에 처한 동료에게 도움을 줄 수 있어야 한다. 그리고 조직과 동료가 성장할 수 있도록 자신의 경험과 노하우를 전할 수 있어야 한다. 스타트업의 리더는 단순히 조직을 관리하는 사람이 아니다. 그저 사람 좋은 것만으로는 조직을 이끌 수 없다.

또한 뛰어난 업무 역량을 위해 끊임없이 학습하고 성장해야 한다. 기성기업 직책자의 대다수는 직책을 맡는 순간 실무와 동시에 학습까지 놓아버린다. 그러나 외부 환경은 빠르게 변하고 직무 지식도 빠르게 변한다. 과거의 경험은 꾸준한 학습과 결부되었을 때 그 힘을 발휘하는 것이다. 과거의 경험만 들먹이는 사람을 우리는 꼰대라 부른다.

직무 역량에 더해 리더라면 빠르게 이해하고 빠른 의사결정을 내릴 수 있어야 한다. 이는 스타트업 리더에게 특히 더 요구되는 덕목이다. 스타트업에서는 내부에 공유되는 정보의 양이 엄청나고 빠르게 변하는 환경만큼 해결할 문제도 실시간으로 쌓인다. 문제 해결이나 의사결정의 적시성도 중요하지만 그때그때 쳐내지 않으면 나중에 종잡을 수 없을 정도로 문제가 쌓여버린다. 기성기업의 직책자가 그러하듯 의사결정이 필요한 안건을 메일함에 두고 몇 날 며칠 묵히는 일은 스타트업에서는 상상조차 할 수 없다.

빠른 의사결정은 도식화되지 않은 글과 말을 통해서도 사안의 맥락과 핵심을 파악할 수 있는 능력에서 비롯된다. 별도의 회의나 보고서 없이 이동 간에 나눈 몇 마디 대화나 메신저 대화를 통해 문제를 파악하고 해결 방안까지 제시할 수 있어야 한다. 스타트업에서 가장 비싼 자원은 시간이다. 세상 편하게 밑에서 보고서가 올라올 때까지 기다릴 순 없다. 보고서 작성에 소요되는 시간도 돈이고 보고가 이루어질 때까지 의사결정이 밀리는 시간도 다 돈이다.

리더의 비싼 시급을 다른 동료의 시급으로 대체할 수 있는 것 아니냐 말할 수 있다. 앞서 예시로 든 HR 직무를 통한 직무 리더의 인사 관리 업무 대체는 그것이 HR 직무의 고유 기능이니 가능한 것이고 그러한 대체가 직무 리더를 인사 관리 업무로부터 어느 정도 자유롭게 하기에 의미가 있다.

반면 보고 자료를 깎아 바친다고 해서 그것이 리더의 의사결정 업무를 대체해주진 않는다. 이해 과정에 드는 수고로움과 귀찮음을 아주 조금 덜어줄 뿐이다. 그런데 앞서도 말했지만 정제된 보고서는 의사결정의 근거로 그리 효율적이지 못하다. 그리고 보고서를 쓴다고 한들 제대로 읽어보지도 않고 의사결정을 내리는 경우가 부지기수라 보고서 작성자 입장에서 그리 보람찬 일이 되지도 않는다.

리더라면 자신의 결정에 책임질 줄 알아야 한다. 책임을 지는 자리라고 해서 문제가 생겼을 때 사퇴하라는 소리가 아니다. 세상이 이렇게 빠르게 바뀌는데 리더라고 언제나 최상의 결정을 내릴 순 없다. 과정에서 자신에게 부족함이 있었다면 그것을 인정하고 더 나은 방향으로 해결하면 된다. 리더가 사과한다고 해서 권위가 사라지는 것은 아니다. 사과를 해서 사라질 권위였다면 그것은 애초에 권위가 아니었다.

이에 더해 리더는 동료의 문제를 해결해주는 사람이지 동료의 문제를 들춰내는 사람이 아니다. 기성기업의 직책자들은 문제가 생기면 문제의 해결보다 범인 찾기에 몰두한다. 본인의 평가나 승진에 해가 될지도 모를 뒷말을 사전에 차단하고 문제 해결의 책임자를 물색하기 위함이다. 진짜 리더라면 발 빠른 대처를 통해 문제를 해결하고 피해를 최소화해서 동료의 짐을 덜어줄 수 있어야 한다.

마지막으로 리더는 어른이어야 한다. 여기에서 어른은 연식이 오래됨을 의미하지 않는다. 동료가 존경할 수 있는 리더여야 한다는 것이다. 리더 타이틀은 발령을 통해 얻어낼 수 있겠지만 동료의 존경은 발령을 통해 얻을 수 없다. 리더는 본인의 리더십을 바탕으로 동료를 이끌고 감화시켜야 한다. 그런 과정을 통해 동료의 존경을 받는 어른이 진짜 리더다.

이렇게 나열한 것을 보면 좋은 리더가 되는 것이 쉽지만은 않아 보인다. 당연하다. 그 정도는 해야 동료들을 한 방향으로 이끌 수 있고, 그런 사람이 리더여야 회사가 J 커브를 그리며 성장할 수 있다. 작은 스타트업의 리더라고 해서 아무나 할 수 있는 것도, 아무나 해서 되는 것도 아니다. 왕관을 쓰려는 자는 그 무게를 견뎌야 하는 법이다.

Q

스타트업에서
겨울방학을 운영하는 이유는 무엇일까?

과몰입은 순간이다.
번아웃을 경계하라.

최근 들어 기성기업 못지 않은 보상을 제공하는 스타트업들이 생겨나기 시작했다. 이에 더해 더 나은 근무환경과 조직 분위기 형성을 위해 다양한 복리후생 제도와 프로그램도 운영하고 있다. 무제한 휴가, 겨울방학, 주 4.5일 근무, 주 32시간 근무, 식대 제공, 사내 카페, 사내 편의점, 주택임차자금 지원, 분기별 조직문화 행사 등 조직 상황에 따라 그 형태도 다양하다.

기성기업이야 수익이 나는 선에서 구성원에게 보상과 복지를 제공하니 그럴 수 있다 해도 투자금으로 운영되는 스타트업에서 기성기업 이상의 보상과 복지를 제공하는 것이 의아할 수 있다. 저런 복리후생 제도가 회사 운영에 도움이 되긴 하는지 같은 의구심 말이다.

앞서 OKR 글에서 언급했던 것처럼 OKR은 Y이론에 기반한다. 대다수 스타트업이 OKR을 성장 관리로 활용하고 있으니 스타트업 역시 Y이론에 기반하여 조직을 운영한다고 가정해보자. 인간에게 일은 자연스러운 것이고 적절한 환경만 제공된다면 인간은 자아실현이나 보람 같은 내재적 동기에 의해 자율적이고 능동적으로 움직일 수 있다는 것이다. 이런 관점에서 스타트업은 적절한 환경을 만들어 구성원이 자율적이고 능동적으로 일하도록 다양한 복리후생 제도를 기획하고 운영한다.

스타트업이 사무 공간에 신경 쓰는 이유도 업무를 위해 머무르는 공간이 편하고 즐거워야 일하는 즐거움 역시 느낄 수 있을 것이라 생각하기 때문이다. OKR 회고 파티나 분기별 조직문화 행사를 개최하는 이유 또한 일을 통해 성장하는 즐거움을 주기 위해서다. 물론 밥벌이는 지겨움을 내포하고 있어 출근길이 매번 즐거울 수는 없다. 그래도 출근하기 싫어 우울한 정도만 아니라면 회사 입장에서는 목적한 바를 이루었다 말할 수 있다.

수평적으로 일하는 조직이나 목적조직은 구성원 간 협업을 기반으로 한다. 물론 일로 만난 사이니까 그저 일만 잘하면 그만이라 할 수 있다. 그렇지만 협업도 결국 사람이 만나 하는 것이고, 관계가 잘 형성되어 있으면 협업 효율도 올라가기 마련이다. 랜덤 런치나 동호회 같은 다양한 구성원 참여 프로그램을 운영하는 것에는 서로 간의 소통 기회를 늘리려는 의도도 있다.

이에 더해 구성원이 업무에 몰입할 수 있도록 물적 지원 역시 아끼지 않는다. 가장 기본적인 것이 업무와 관련된 장비나 용품 구입에 대한 비용 지원이다. 최고 사양의 노트북과 모니터를 지원하고 교체 주기도 짧게 설정한다. 팬데믹 기간을 지나면서 효율적인 재택근무를 위해 필요한 장비나 비용까지 지원해주는 스타트업도 생겨나고 있다.

기초적인 의식주나 건강 관련 지원도 비슷한 맥락이다. 먹고 마시는 것에 부담 갖지 말고 일에 집중하라는 의미에서 식대를 지원하고 사내 편의점이나 카페를 운영한다. 혹여 거주 불안정으로 인해 신경이 분산될 수 있으니 안정적으로 업무에 몰입하라고 주택임차자금을 지원하거나 대출이자를 지원한다. 마찬가지로 단체상해보험이나 고가의 종합건강검진 프로그램 지원에도 아프지 말고 건강하게 업무에 임해달라는 의도가 내포되어 있다.

이렇게 몰입할 수 있는 환경이 만들어졌을 때 문제점은 과몰입하는 구성원이 생길 수 있다는 점이다. 몰입해서 일하는 스타트업의 구성원을 보면 기본적으로 높은 수준의 긴장을 유지하고 있다. 이는 감정적으로 날이 서 있음을 의미하는 것이 아니라 어떤 업무나 요청이 들어오더라도 즉시 대응할 수 있을 정도의 전투 태세를 유지하고 있다는 것이다. 이게 지나치면 모든 것을 하얗게 불사르고 난 뒤 속칭 번아웃에 빠지게 된다.

스타트업에서 과몰입이 발생하는 이유는 일이 재밌기 때문이다. 수평적으로 일하는 조직에서는 개인에게 업무 자율권과 의사결정 권한이 있다. 자신이 수행한 업무가 의도했던 결과와 작은 성공으로 이어지면 일은 재밌을 수밖에 없다. 여기서 또 하나의 변수가 있다. 스타트업은 협업을 기반으로 하는데 보통의 경우 재미있는 것은 함께하면 더 재미있어진다는 것이다. 협업을 하는 조직 내에서 소위 말하는 티키타카가 잘 이루어지면 몰입의 동반 상승효과가 발생한다.

보통 이런 과정에서 탈이 나는데, 마치 혼자 운동을 할 때는 크게 무리하지 않다가 여러 사람이 함께하면 자신도 모르게 오버페이스를 하는 것과 비슷한 이치다. 이쯤 되면 외부 개입 없이 업무의 속도나 긴장을 내리는 것이 사실상 불가능하다. 페이스가 너무 빠르다는 자각을 할 새도 없이 조직 전체의 속도에 맞춰 계속 달리기 때문이다. 처음에는 분명 눈사람을 만들기 위해 눈덩이를 굴리고 있었는데 어느 순간 눈덩이가 자신을 굴리고 있는 모습을 발견하게 되는 것이다.

이런 상황에서는 구성원의 몰입이 임계점을 넘지 않도록 조직 차원의 관리가 필요하다. 개인에게 업무 자율권이 있고 개인의 상황에 따라 자유로운 휴가 사용을 권장하지만 빠른 속도로 협업이 이뤄지는 상황에서 홀로 쉬겠다고 선언하는 것은 생각보다 어려운 일이다. 그렇기 때문에 조직 차원에서 주 4.5일 근무, 주 32시간 근무 제도를 활용하여 근무 시간을 조절해주거나 조직 전체가 함께 쉬어 갈 수 있도록 겨울방학을 운영하는 것이다.

요약하자면 스타트업이 다양한 복리후생 제도나 조직문화 프로그램을 운영하는 이유는 몰입의 적정 수준을 유지하기 위함이다. 스타트업은 기본적으로 구성원의 업무 몰입도를 높이기 위한 환경을 조성하지만 역설적으로 몰입도가 과도하게 높은 환경에서는 조직이 유지될 수 없다. 다시 말해 이러한 복리후생과 조직문화는 지속 가능한 발전을 위한 것이다.

최근 기성기업에서 채용 경쟁력을 높이기 위해 혹은 구성원의 만족도를 위해 스타트업의 복리후생 제도를 벤치마킹하려는 시도를 하고 있다. 벤치마킹이라 하니 같은 잔소리를 하게 된다. 복리후생은 기본적으로 시간이든 돈이든 지출이 생긴다. 만약 복리후생 제도의 목적이나 취지를 고민하지 않고 제도의 현상적인 부분만을 이식하면 별다른 효과는 보지 못하고 지출만 늘어나는 불상사가 발생할 것이다.

리더십 교육에 대하여

앞서 직무 중심의 HR이 이루어지는 스타트업에서는 기성기업과 비교할 때 회사 주도의 교육 기능이 상대적으로 축소되고 있음을 말한 바 있다. 이에 더해 수평적인 문화를 추구하는 조직일수록 리더에 대한 의존도가 상대적으로 낮다고 했다. 그런데 역설적이게도 최근 적지 않은 스타트업에서 리더십 교육에 대한 요구가 증가하고 있다.

아무리 구성원 개개인의 직무 전문성을 존중한다 하더라도 최소한의 리더는 존재할 수밖에 없다. 역량이나 역할에 따라 의사결정은 달라지기 마련이고 누군가는 회사나 직무의 전체 방향성을 결정해야 하기 때문이다. 물론 스타트업 리더들은 대체로 젊고 누군가를 이끄는 역할을 처음 수행하는 경우가 많아 뒤따르는 시행착오를 당연하게 여길 수 있다. 그러나 관점을 달리 생각해보자. 기성기업에서도 새로운 역할을 처음 수행하는 리더가 있기 마련인데 유독 스타트업의 젊은 리더에게 리더십 이슈가 더욱 도드라지는 이유는 무엇일까? 이에 대해 크게 두 가지 측면에서 이야기를 풀어볼까 한다.

첫째는 리더가 되는 기준이 모호한 경우가 많다. 직무 중심으로 운영되는 스타트업에서는 대부분 해당 직무의 전문가에게 리더 역할을 맡긴다. 뛰어난 직무 역량을 지니고 있다고 해서 반드시 좋은 리더라는 보장은 없다고 언급했다. 반면 기성기업에서 직책자 선임은 일종의 승진이고 비록 승진에 대한 최종 결정이 특정 임원에 의해 이루어진다 하더라도 후보자를 추리는 과정에서 최소한의 자격 기준을 요구하고 이에 대한 검증을 거친다. 스타트업에는 대부분 리더 선정에 대한 최소한의 장치가 없기도 하고, 리더 선정에 대한 경쟁이나 대체 인원을 고려할 만한 인력 규모가 안 되는 경우도 많다.

둘째, 롤모델이 없다. 여기서 롤모델이라고 함은 반드시 좋은 리더만을 뜻하는 것은 아니다. 본받을 만한 무언가를 보고 배우는 것도 있지만 반면교사를 통해 배우기도 한다. 기성기업의 피라미드형 구조가 유지되는 것은 현재 단계에서 다음 단계로 넘어갈 때까지 다음 단계에 있는 누군가가 어떤 식으로 일을 하는지 눈으로 보고 몸으로 겪으면서 다음 단계의 역할을 준비할 수 있는 시간과 여건이 주어지기 때문이다. 역지사지의 개념으로 리더의 이상한 언행과 업무 방식을 겪어보지 않으면 훗날 자신이 리더가 되었을 때 하는 언행과 업무 방식이 얼마나 이상하고 괴이한 것인지 자각할 수 없다.

조립은 분해의 역순이다. 대다수 문제가 그렇듯 스타트업에서 리더십 문제를 해결하는 방식 역시 그 원인을 뒤집으면 된다. 리더의 기준이 모호하다면 가장 우선시되는 것은 회사의 가치체계를 세우는 일이어야 한다. 개별 회사가 추구하는 지향점에 따라 그것은 핵심가치가 될 수도 있고 행동강령code of conduct이나 리더십 원칙이 될 수도 있다. 그것이 무엇이든 간에 우리 회사에서 일하는 방식이나 우리 회사의 리더가 가져야 할 역량, 지켜야 할 가치를 명확히 하는 것이 중요하다. 많은 스타트업이 당장의 생존을 이유로 이런 부분을 등한시하는 경우가 많은데 가치체계에 대한 고민 없이는 큰 규모로 성장하기 어렵다. 회사의 생존은 당면한 문제이지만 생존 그 자체가 목표인 스타트업은 그 어느 곳에도 없을 뿐 아니라 존재할 필요도 없다.

가치체계를 세우는 것보다 중요한 일이 있다. 바로 그 가치체계를 지키는 일이다. 지키지도 않는다면 차라리 가치체계를 만들지 않는 편이 낫다. 가치체계가 없는 상황이라면 두루뭉술하게 리더가 이상하다 정도로 욕을 먹지만 가치체계가 있는 상황이라면 구체적인 기준에 따라 조목조목 욕을 먹을 뿐 아니라 지키지도 못할 가치체계를 수립한 것에 대한 욕까지 추가로 얻어먹는다. 기왕 욕먹을 거면 쓸데없이 기대 수준을 높이지 마라.

결국 창업주나 주요 리더가 회사의 가치체계를 먼저 지키는 모습을 보여야 한다. 그리고 아무리 좋은 직무 능력을 지니고 있다 하더라도 조직이 요구하는 가치에 반하는 사람이라면 다른 구성원에게 영향을 미칠 수 있는 리더 역할은 맡기지 말아야 한다. 그래야만 조직이 성장하고 리더의 수가 많아지더라도 리더십에서 발생할 수 있는 문제를 최소화할 수 있다.

자식은 부모의 거울이라는 말이 있다. 자식이 부모를 따라 배우듯 아랫사람은 윗사람의 행동거지를 따라 하기 마련이다. 주위를 둘러보면 대표이사가 본인 회사의 리더십에 대해 격노하고 남 말하듯 말하는 경우를 흔히 본다. 자기 나름대로는 조직에 대한 객관적인 시선을 견지한다 자찬하겠지만 실상은 본인이 리더 노릇을 제대로 하지 못해 발생한 참상에 불과할 뿐이다. 정말이지 우스운 일이 아닐 수 없다. 아무리 생각해도 가장 중요한 리더십 덕목은 솔선수범이다.

5

일하는 방식

스타트업에서
간결함을 추구하는 이유는 무엇일까?

간결하면 가벼워진다.
가벼운 조직은 빠르게 움직인다.

"완벽함이란 더 이상 보탤 것이 남아 있지 않을 때가 아니라
더 이상 뺄 것이 없을 때 완성된다."

- 앙투안 드 생텍쥐페리

스타트업이 간결함을 추구하는 것은 그것이 완벽을 추구하는 길이기 때문이다. 간결함에 대한 추구는 제품 개발뿐 아니라 HR 제도 같은 조직 운영에도 영향을 미친다. 조직 구조를 간결하게 하고 제도나 프로세스 또한 간결함을 유지하려 노력한다. 기성기업에서 스타트업으로 적을 옮긴 사람 중에는 일하는 과정에서 허전함을 느끼기도 한다. 이는 정말 필요한 체계나 구성 요소의 부족에서 비롯한 허전함일 수도 있지만 그저 있으면 좋은 정도에 지나지 않은 것의 부재에서 기인한 허전함일 수도 있다.

어떤 기준이나 절차를 세우려면 그 목적이 명확해야 하고 투입 자원 대비 효과가 더 커야 한다. 보통 기준이나 절차를 통해 얻을 수 있는 효과성은 최소한의 규모를 전제로 한다. 엑셀의 함수 기능은 대규모 데이터를 다루는 데 도움을 주지만 처리할 데이터의 양이 많지 않으면 눈으로 확인하고 손으로 하는 게 더 빠를 수 있다. 마찬가지로 기준과 절차를 세우고 유지하는 데 드는 비용이 기준과 절차를 통해 얻을 수 있는 이점보다 적다면 굳이 사서 고생할 필요가 없다.

이런 측면에서 어쩌다 발생하는 일 혹은 미래에 있을지도 모를 일을 대비해서 기준과 절차를 세우는 것 역시 비효율적이다. 예를 들어 해외 출장이 빈번하지 않은 조직에서 혹시 모를 해외 출장을 위해 해외 출장비 규정을 만들었다고 가정하자. 어차피 나중에 쓰면되니 나쁠 게 없다고 생각할 수 있지만 몇 년만 지나도 물가가 달라지고 그에 따라 과거에 설정했던 체류비 기준도 달라져야 한다. 일을 두 번 해야 한다는 소리다.

물론 스타트업의 규모가 커지는 과정에서 특정 기준과 절차가 필요한 날은 오기 마련이다. 그런데 그런 필요성이나 효과성이 명확하지 않은 상태에서 기성기업이 그렇게 하니까 혹은 누군가 회사의 체계 없음을 지적하니까 기준과 절차를 만드는 일은 잘못된 벤치마킹의 또 다른 예가 될 뿐이다. 중요한 것은 기준이나 절차의 존재 그자체가 아니라 존재 이유에 대한 근원적 고민이다.

이에 더해 스타트업에 몇 되지 않는 기준이나 절차마저도 매우 간소한 것을 볼 수 있다. 앞서 가치체계를 말하면서 언급했는데 제도가 구체적이면 구체적일수록 예외 관리에 대한 필요성이 증가한다. 기준이나 절차를 필요 이상으로 빡빡하게 설정하면 예외가 생길 때마다 새로운 기준과 절차를 만들어야 하므로 오히려 구체적인 기준과 절차가 더 많은 자원 소모를 야기할 수 있다.

물론 일하는 방식이나 구성원 역량에 따른 차이도 있다. 수평적으로 일하는 조직에서는 구성원의 평균 역량이 높고 개인에게 업무 자율권과 의사결정 권한이 주어진다. 최소한의 기준과 절차에 따라 개인이 알아서 판단할 수 있다면 굳이 복잡하게 기준과 절차를 만들 필요가 없다. 반면 기성기업의 경우 사전에 정해진 기준과 절차에 따라 관리자의 승인을 받아야 해서 기준과 절차가 발생 가능한 모든 상황을 안내할 수 있어야 한다.

결정적으로 기준과 절차가 많아지고 복잡해질수록 조직은 느려진다. 엑셀에서 다루는 데이터의 양이 적더라도 수식이나 조건부 서식이 필요 이상으로 많아지면 파일 용량이 증가하고 처리 속도가 느려지는 것과 마찬가지다. 조직의 크기가 조직의 속도에 영향을 미치지만, 필요 이상의 기준과 절차가 존재하면 관리해야 할 지점이 증가해서 조직의 속도는 더욱 느려지게 된다.

목적조직 형태를 활용하는 스타트업에서는 실제 협업이 이뤄지는 목적조직과 직무조직이 공존하는 일종의 매트릭스 조직 형태로 운영된다. 엑셀에 빗대면 시트 전체에 매우 무거운 조건부 서식이 걸려 있는 셈이다. 이런 상황에 불필요한 기준과 절차까지 생기면 동일한 기준과 절차가 기성기업에 적용되었을 때보다 몇 배의 부하가 걸린다. 따라서 스타트업에서는 조직의 빠른 속도를 유지하기 위해 의식적으로 기준과 절차를 간소화하는 것이다.

오해는 하지 말자. 조직을 운영하는 데 모든 기준과 절차가 불필요함을 주장하는 것이 아니다. 기준과 절차 그 자체로는 좋고 나쁨을 판단할 수 없다. 기준과 절차는 그 활용에 따라 조직에 질서를 가져다줄 수 있지만 반대로 족쇄가 될 수도 있다. 다만 스타트업에서는 무질서를 감내할 수 있을 만큼 조직의 크기가 작은 반면, 족쇄가 채워진 조직은 빠르게 움직일 수 없기 때문에 기준과 절차를 만드는 일에 신중한 것이다.

이후 나올 세 개의 주제는 이러한 내용을 담고 있다. 그 목적과 효용성을 고려할 때 필요한 것인지 혹은 그렇게 복잡할 필요가 있을지 고민할 만한 사례를 다루고자 한다.

LEAN HR

퇴사자 면담은
과연 의미가 있을까?

무의미한 절차보다 별리의 정을 나누는 것이 낫다.
그보다 나은 건 떠나지 않도록 하는 것이다.

채용 면접을 포함한 면담은 참여하는 양쪽의 동기 수준이 비슷해야 의미를 지닌다. 채용 면접의 경우 구직자는 이직을 위한 동기가 있고, 회사 입장에서는 역량이 뛰어나면서 조직에 적합한 인재를 찾아내야 할 동기가 있다. 그렇기 때문에 여러 단계의 전형에도 상호 성실히 임하고 그 과정에서 많은 시간과 노력을 자발적으로 쏟는 것이다.

이와 달리 퇴사자 면담의 동기는 회사 쪽에만 있다. 퇴사자 면담의 주요 목적은 퇴사 예정자의 퇴사 이유는 무엇인지 혹시 모를 조직 내의 이슈를 파악하기 위함이다. 그런데 애석하게도 퇴사 예정자의 동기는 그저 빠르게 퇴사 프로세스를 밟는 것뿐이다. 퇴사가 예정된 사람은 퇴사 과정 중 하나이기 때문에 어쩔 수 없이 퇴사자 면담에 응하는 것이지 퇴사하는 마당에 그다지 말을 길게 섞고 싶지도 않다.

퇴사자 면담은 과거 구성원의 의견을 전할 창구가 부족했을 때 혹은 HR과 협업의 접점이 부족한 기성기업에서나 그나마 의미를 지닌다. 그에 반해 최근 기업은 다양한 형태로 구성원이 의견을 개진할 수 있는 기회를 제공하고 있고 구성원 역시 자신의 의견을 표현하는 데 주저함이 없다. 무엇보다 스타트업에서는 기성기업과 달리 HR과 현업의 스킨십이 매우 높다. 달리 말하면 스타트업에서 퇴사자의 면담은 효용성이 낮다.

퇴사자 면담에 대해 더 말하기 전에 퇴사 그 자체를 먼저 고민해보자. 평생 직장의 개념이 강했던 과거에는 퇴사가 엄청난 이벤트였다. 하지만 요즘 퇴사는 퇴사 그 자체만으로는 큰 의미를 갖지 못할 뿐 아니라 구성원의 퇴사가 무조건 나쁜 것도 아니다. 발상의 전환을 해보자. 스타트업에서는 대부분 경력직을 채용한다. 바꿔 말하면 회사가 경력직을 채용하는 순간 지구 어딘가에서는 퇴사자가 발생한다는 소리다. 달이 지면 해가 뜨는 것처럼 구성원의 입사와 퇴사 역시 자연스러운 일이다.

자연의 섭리 속에 발생하는 모든 퇴사에 대해 민감하게 반응할 필요는 없다. 구성원 대다수가 만족하고 다니는 회사일지라도 누군가는 문화적으로 혹은 성향적으로 맞지 않아 적응에 어려움을 겪을수 있다. 궁합이 맞지 않아 기대치에 모자라는 업무 수행을 보여준다고 해서 해당 구성원의 역량이 부족하다고 단정 지을 수 없다. 우리 조직에 맞지 않는 구성원이라도 다른 환경에서는 자신의 역할을 다할 수 있기 때문이다. 자신의 역량을 100% 발휘하지 못하는 상황에서 이루어지는 퇴사는 회사와 구성원 모두에게 이득이다.

문제가 되는 퇴사는 이와 반대의 관점에서 보면 알 수 있다. 회사에서 중요한 역할을 수행하고 다른 동료에게도 신뢰를 받는 구성원이 퇴사한다면 이건 문제가 될 수 있다. 그런 구성원이 퇴사 의사를 밝히는 경우 지체 없이 면담을 통해 잔류를 설득해야 한다. 만약 이런 과정을 통해 실제 퇴사까지 이어지지 않는다면 이건 퇴사자 면담이 아니다. 다시 말해 조직에 필요한 사람이라면 진짜 퇴사자 면담까지 가지 않도록 막아야 한다는 소리다.

문제가 되는 퇴사의 또 다른 경우는 퇴사는 늘어나는데 채용이 이루어지지 않아 의도하지 않은 자연 감소가 발생하는 상황이다. 혹은 퇴사하는 구성원의 공석을 채울 구직자의 역량이 상대적으로 떨어지는 경우도 문제가 될 수 있다. 쉽게 말해 퇴사로 인해 구성원의 인재밀도가 지속적으로 하락하는 경우다. 보통 이런 경우는 채용 브랜딩에 심각한 문제가 있다는 것이고, 채용 브랜딩의 가장 중요한 요소는 결국 재직자의 만족도다. 다시 말해 조직의 규모가 지속적으로 자연 감소하거나 인재밀도가 점차 떨어진다면 조직에 대한 점검이 필요하다. 물론 이 경우에도 퇴사자 면담은 조직의 반등에 그다지 큰 역할을 하지 못한다.

처음에 언급했듯이 퇴사 예정자는 면담에 성실히 임할 동기가 없기 때문에 그들을 통해 조직을 진단하는 일은 비효과적이다. 회사를 떠나는 사람의 입장에서는 큰 분란을 만들고 싶지 않다. 하고 싶은 말이 많더라도 아끼는 경우가 많다. 업계는 좁고 취재원 보호도 안 될 것이 뻔한데 불편한 소리를 하고 떠날 퇴사 예정자는 그리 많지 않다. 결국 시간과 노력을 들여 퇴사자 면담을 한다 하더라도 평이한 퇴사 사유 수집에 그치게 될 확률이 높다.

백 번 양보해서 퇴사 예정자가 허심탄회한 의견을 전달했다 치자. 그런데 그것이 선의인지 선의로 포장된 악의인지, 진실인지 거짓인지 판단하기 어렵다. 시간이 조금 흘러 진위를 파악하는 과정에서 떠나간 자와 남아 있는 자의 주장이 대립한다면 누구를 더 신뢰해야 할까? 상황에 따라 다르겠지만 조직에 남아 있는 자들이 일관된 주장을 한다면 당연히 남아 있는 자의 말을 신뢰해야 한다. 냉정히 말해 떠나간 사람은 조직에 대해 아무런 책임을 지지 않는다. 중요한 것은 퇴사 예정자의 의견이 아니라 남아 있는 자들의 의견이어야 하고, 이것을 확장해보면 평소에도 구성원의 의견을 귀담아들어야 한다는 것이다.

일하는 방식에서 퇴사자 면담을 주제로 삼은 것은 퇴사자 면담이 추후 활용에 대한 깊은 고민 없이 이루어지는 업무의 대표적 사례이기 때문이다. 많은 회사가 막연히 있으면 좋을 것 같다는 이유 하나만으로 조직 리더나 HR 직무 담당자 주도의 퇴사자 면담을 진행한다. 퇴사 예정자에게 의미 있는 메시지를 얻기 어렵다는 것은 차치하더라도 시간과 노력을 들여 작성한 퇴사자 면담 조서를 작성시점 이후에 다시 열람하는 경우를 이제껏 본 적이 없다. 활용하지도 않을 데이터를 쌓아두기만 하는 것이다. 결국 있으면 좋을 것 같아서 하지만 사실 의미 없는 일의 단계만 더 생겨난 셈이다.

퇴사자 면담은 쓸모없으니 최소한의 서류 처리만 하고 내보내라는 것이 아니다. 퇴사 예정자에게 의미 있는 무언가를 뽑아내기 위해 퇴사자 면담을 의무화하거나 퇴사자에게 구조화된 질문지 작성을 강요 말라는 소리다. 그간의 헌신에 감사하고 떠나는 곳에서도 잘되기를 기원하는 과정에서 자연스레 리더와 동료들과의 만남이 이루어지게 하면 된다. 퇴사 예정자에게는 좋은 기억만 안고 떠날 수 있게 해주고 남아 있는 구성원의 목소리를 잘 듣자.

스타트업에
위임전결 규정이 반드시 있어야 할까?

간결함은 곧 속력이다.
사규도 예외는 아니다.

기성기업에서 스타트업으로 적을 옮긴 사람들 상당수가 위임전결 규정의 부재로 인한 불편함을 호소한다. 위임전결에서 위임은 어떤 일을 책임지워서 맡긴다는 뜻이고, 전결은 결정권자 마음대로 결정하고 처리한다는 뜻이다. 이에 더해 일반적으로 사용되는 위임전결의 의미는 단어 그 자체의 정의보다는 그것이 이루어지는 현상을 지칭하는 경우가 많다. 다시 말해 일반적으로 위임전결 규정은 조직 운영 과정에서 발생하는 다단계의 결재선을 의미하기도 한다. 단어의 정의이든 일반적으로 활용되는 의미이든 간에 위임전결 규정은 필요할까?

모든 판단에는 기준이 필요하다. 다만 모든 판단에 대한 기준을 위임전결 규정의 형태로 세울 필요는 없다. 설령 위임전결 규정을 통한다 하더라도 그 형태가 꼭 기성기업의 방식으로 운영될 필요는 없다. 위임전결의 사전적 정의에 따르면 수평적으로 일하는 조직이나 스타트업에도 위임전결 규정은 있다. 다만 위임과 전결의 권한이 구성원 개개인 단계까지 내려가 있을 뿐이다. 조직이 공유하는 가치체계하에 개인에게 책임을 맡기고 개인의 판단에 따라 업무를 결정하고 처리하는 것이다.

기성기업에서 위임전결 규정을 활용하는 목적은 업무 담당자와 진행 과정을 안내하기 위함도 있지만 주된 목적은 발생할 수 있는 문제를 사전에 예방하는 데 있다. 문제 예방에 주된 목적이 있다 보니 사안의 종류나 경중에 따라 요구되는 증빙 자료나 결재선이 상이하다. 그런데 재미있는 것은 일상적인 사안을 제외한, 실제 의사결정이 중요한 사안에 대해서는 사전에 보고하고 조율을 마친 이후에 품의서 상신과 이에 대한 전결권자의 결재가 이루어진다는 것이다. 이러다 보니 전결권자가 반려하는 경우는 증빙이나 첨부 자료가 누락되었거나 결재선이 잘못 지정된 경우를 제외하고는 극히 드물다.

기성기업에서 구두 보고와 결재가 중복해서 일어나는 일은 매우 흔한 일이고 그것이 비효율적인 것은 기성기업의 구성원 모두 인지하고 있다. 그럼에도 불구하고 이런 비효율이 사라지지 않는 것은 기성기업에서는 기록을 남기는 것이 매우 중요하기 때문이다. 업무 진행 과정에서 문제가 생겼을 때 책임 소재를 명확히 하고 책잡힐 만한 일을 만들지 않아야 인사상 불이익을 면할 수 있다.

수평적으로 일하는 조직이나 스타트업에서 위임전결 규정을 간소화하려는 이유는 그것이 효율적이기 때문이다. 문제 예방에 비용과 자원을 투자하기보다는 빠른 실행과 문제 발생 시 해결에 초점을 맞추겠다는 것이다. 대부분 의사결정이 구성원의 전결로 인해 종결되고 중요한 사안의 경우 이해관계자들의 협의를 통해 진행된다. 다단계 보고가 없고 보고와 결재의 중복 업무도 존재하지 않기 때문에 보다 더 빠르게 조직을 움직일 수 있다.

문제가 발생하지 않는 것이 가장 좋겠지만 문제를 예방하는 데 드는 비용과 자원의 효율성도 고려해야 한다. 변화하는 외부 환경으로 인해 발생하는 예측의 어려움은 내부적으로 발생 가능한 문제에도 동일하게 적용된다. 과거의 경험을 바탕으로 발생 가능한 모든 경우에 대한 기준을 제시할 수 없다는 말이다. 애초에 불가능한 목표를 달성하기 위해 에너지를 쏟기보다는 최소한의 기준을 마련하고 예외 사항이나 문제를 마주했을 때 유연하게 대응하는 것이 효과적이다.

앞서 얘기했듯이 모든 일에는 기준이 필요하다. 당연한 소리지만 스타트업이라고 해서 모든 기준과 규율을 무시하거나 간소화하지는 않는다. 발생한 문제가 비가역적이거나 혹은 회사 존치에 큰 영향을 미치는 경우에는 주어진 기준과 절차를 준수한다. 예를 들어 정보보안이나 개인정보 보호 같은 것 말이다.

있어서 좋을 것이 많아지면 반드시 있어야 하는 것이 가려진다. 소음 속에서 집중해야 할 신호를 잃어버리게 되는 것이다. 모든 일에 완벽을 기하고 모든 문제를 예방하기 위해 조직의 복잡성을 유지한다면 구성원 입장에서는 일의 경중을 파악하기 어려워지고 피로도만 높아진다. 조직이 간결함을 유지해야 하는 또 다른 이유는 간결함 속에서 집중해야 할 것이 무엇인지 명확한 메시지를 주기 위함이다.

핵심인재 관리는
스타트업에 도움이 될까?

스타트업에서 핵심인재화는 신중해야 한다.

득보다 실이 더 크다.

대기업 전체 직원 중 임원이 될 확률은 1%가 채 되지 않는다. 회사에 따라 다르겠지만 최근 한 해에 입사하는 신입사원 수가 100명이 되지 않는 경우도 있으니 임원을 달지 못하는 기수가 발생하는 셈이다. 이 정도면 임원은 샐러리맨의 꽃이 아니라 별이라 불러야 할 판이다.

일반적으로 기성기업 직원 대다수는 일반 사무직이고 기성기업의 임원 역시 특별한 직무 전문가보다는 조직관리자에 가깝다. 다시 말해 기성기업에서 임원이 되기 위해서는 개인의 노력과 운에 더해 조직 차원에서 조직에 적합한 관리자로 만들어가는 과정이 중요하다. 이런 과정에서 중요해진 것이 바로 핵심인재 관리이고 경력개발제도(CDP)다.

회사에 따라 다르겠지만 빠른 경우에는 사원일 때부터 우수한 역량을 지닌 직원을 선별해서 계획적인 발령을 통해 직무를 순환시킨다. 그 과정에서 현재의 역할과 직무에 대한 교육과 더불어 미래의 역할 단계에 대한 교육까지 이루어진다. 개중에 뛰어난 직원은 직책 후보군으로 선별되어 직책자가 되고, 직책 승진을 거듭하다 보면 누군가는 임원이 된다. 물론 상위 단계로 올라갈수록 기회나 직책의 수는 제한되고 경쟁은 더욱 치열해지며 그 과정에서 탈락하는 이들 중 얼마간은 회사를 떠난다.

일반적으로 기성기업에서 신입사원이 임원까지 승진하려면 최소 20년은 필요로 한다. 다시 말해 핵심인재 관리나 CDP는 호흡이 매우 긴 제도다. 10년 차 이상 중간 관리자급을 대상으로 시작한다 하더라도 10년의 미래를 바라보고 운영하는 셈이다. 반면 스타트업에서 10년은 그 기간만큼의 생존을 장담할 수 없을 정도로 길고 긴 시간이다. 1년도 분기 단위로 잘라 쓰는 마당에 스타트업에 있어 호흡이 지나치게 긴 제도는 적합하지 않다.

더군다나 수평적으로 일하는 스타트업의 경우 임원이나 직책의 개념이 모호하다. 구성원 개인에게 업무 자율권과 의사결정 권한이 있는 상황에서 특별히 임원이나 직책자를 빚어내야 할 필요가 없다. 더군다나 직무 중심으로 인사와 조직이 운영되어 애초에 직무 순환이 불가능하고 조직 이동 역시 필요가 없다.

무엇보다 스타트업은 인력 구조가 역동적으로 변화한다. 일반적으로 기성기업은 신입사원의 공개채용과 승진 제도를 통해 파리미드형 인력 구조를 유지하려고 노력한다. 동일한 출발선에서 시작하더라도 일부에게만 상위 단계로의 승진을 허락하는 방식으로 핵심인재를 관리하고 인력 구조를 유지한다. 그에 반해 스타트업은 경력직 위주의 수시채용이 이루어질 뿐 아니라 재직자의 근속도 기성기업에 비해 짧은 편이라 기성기업과 같은 인력 구조가 유지되지 않는다.

만약 스타트업에서 특정 구성원을 해당 직무의 핵심인재라 정의하고 유의미한 시간과 비용을 투자했다고 가정하자. 그런데 스타트업이 성장하면 더 나은 경력이나 역량의 구성원을 채용할 수 있는 확률도 높아진다. 만약 나중에 오는 구성원이 기존의 구성원보다 월등히 뛰어나다면 그간 투자했던 핵심인재 관리가 실은 그저 불필요한 낭비에 그치고 만다. 또는 시간과 비용을 투자했던 핵심인재가 다른 곳으로 떠나기라도 한다면 그저 남 좋은 일을 한 것에 불과해진다.

핵심인재 관리를 일종의 장기근속retention을 위한 제도로 활용하는 안을 고려해볼 수도 있다. 그런데 스타트업은 기성기업에 비해 구성원의 평균 역량이 높을 뿐 아니라 직무도 다양하다. 즉, 기성기업처럼 전체 구성원의 일정 비율을 핵심인재로 관리하는 상대평가 방식의 대상자 선정이 불가능하다는 것이다. 주요 직무별 한두 명씩만 추려도 전체 인구의 상당 부분이 핵심인재로 선정된다. 결국 직무를 중심으로 운영되는 스타트업에서의 핵심인재 관리는 일종의 보편적인 장기근속 제도로 운영될 확률이 높다.

만약 핵심인재 관리를 주요 인원에 대한 장기근속을 목적으로 한다 하더라도 추가 보상을 통한 구성원의 장기근속 유도는 신중해야 한다. 조직의 주요 인원을 붙들기 위해 돈을 쓰는 데 신중해야 한다는 것이 쉽게 납득되지 않을 수 있다. 이렇게 생각해보자. 이미 해당 구성원에게 충분한 보상을 제공하고 있다면 그가 조직을 떠난다고 했을 때 그에게 제공하던 보상과 지급을 고려했던 장기근속 보상까지 더해 시장에서 더 뛰어난 후보자를 채용할 수 있다. 다시 말해 우리 조직에서나 핵심인재인 것이지 시장 전체로 봤을 때는 아닐 수도 있다는 것이다.

자본이 넉넉하다면 상관없는 문제 아니냐 할 수 있다. 뒤에 자세히 말하겠지만 보상은 그 절대적인 크기도 중요하지만 상대성이 더 중요하다. 비슷한 보상인데 역량이 다르거나 혹은 비슷한 역량인데 보상이 차이 나면 상대적인 보상질서가 무너지게 된다. 이는 구성원의 근속에 악영향을 미칠 수 있다. 기존 구성원에게 장기근속 보상까지 주어진 상황에 더 뛰어난 구성원이 합류하면 역량 차이만큼 보상 차이를 내기 위해 추가적인 비용을 지불해야만 한다. 기존 구성원과 새로 합류하는 구성원 모두에게 과보상이 이뤄지는 셈이다. 물론 특정 구성원이 누가 봐도 업계 최고 수준의 역량을 지니고 있고 이탈 시 대체가 불가능하다면 상대적 보상질서에 대한 논란에서 비교적 자유로울 수는 있다.

비슷한 관점에서 스타트업에서 승계 계획succession planning 역시 큰 의미를 지니진 못한다. 기성기업에서 승계 계획이 중요한 이유는 다단계 조직 구조와 더불어 임원의 계약 기간과 정년이 존재해서다. 일반적으로 기성기업의 경우 매년 정기 인사가 이루어진다. 해당 시기에 정년을 채우고 떠나는 임원이 있을 것이고 타의로 인해 계약이 만료되는 경우도 있을 것이다. 임원의 정년 퇴직이나 계약 만료로 발생한 공석은 아래부터 차례대로 채워진다.

기성기업의 관점에서 본다면 1년은 매우 짧은 기간이고 직책자 부재는 조직관리와 의사결정에 혼란을 가져올 수 있다. 게다가 담당하는 조직 크기나 직책 단계에 따라 역할 또한 달라지기 때문에 사전에 교육받고 준비된 후보자가 해당 직책을 승계해야 한다. 상위 직책의 공석은 해당 직책에 더해 하위 직책의 승계에 연쇄적인 영향을 미친다. 그렇기 때문에 기성기업에서는 승계 계획을 중요하게 관리하는 것이다.

이에 반해 스타트업은 임원이나 직책에 대한 개념이 희박하고 정년에 임박한 구성원도 없다. 게다가 직책의 수가 제한적이고 그 공석역시 비정기적으로 발생한다. 정기 인사가 이뤄질 일이 없으니 해당 구성원이 퇴사하지 않고 본인의 역할을 잘 수행하는 이상 공석이 발생하지 않는 것이다. 승계 시점을 예측하기 어렵다는 것은 다시 말해 사전 관리나 준비 자체가 비효율적일 수 있다는 말이다.

그리고 수평적으로 일하는 스타트업에서 임원이나 직책의 공백은 그리 큰 문제가 아니다. 구성원 개인에게 업무 자율권과 의사결정 권한이 있기 때문이다. 해당 공석에 대해 내부 적임자가 있으면 최선이겠지만 없다면 외부에서 적임자가 채용될 때까지 혹은 내부 인원이 성장할 때까지 기다릴 수 있는 여력도 충분하다. 결국 스타트업에서 승계 계획에 대한 중요도나 필요성 역시 상대적으로 떨어진다.

생존을 위해 짧은 주기로 빠르게 움직이는 스타트업이라고 해서 중장기적인 비전이나 미션을 바라보지 않는 것은 아니다. 허나 장기적인 지향점을 갖고 일을 하는 것과 미래 상황을 예측해서 미리 움직이는 것은 다른 문제다. 다시 말하지만 미래는 예측하기 어려울 뿐 아니라 애초에 스타트업은 변화를 원동력으로 생존한다.

미래에 대한 준비가 되어 있으면 좋을 것처럼 느껴진다. 그러나 너무 먼 미래의 일을 준비하다 보면 당장 해야 할 일을 놓칠 수 있고 실제로 도래한 미래가 처음의 예측과 많이 다를 수도 있다. 현재 시점에서 일의 우선순위를 정하고 간결하게 움직여야만 자원 낭비를 최소화하고 조직 역량에 집중할 수 있다.

스타트업의
비용 지출에 대하여

어느덧 사회생활을 한 지도 10년이 넘었고 일을 하면서 많은 상사와 개 중에서는 존경할 만한 소수의 리더도 만날 수 있었다. 실명을 거론하기는 어렵지만 가장 즐겁게 일한 시절을 함께했던 리더가 내게 했던 말이 있다. 정확하지는 않지만 다음과 같은 의도였고, 그가 내게 했던 수많은 말들 가운데 두 번째로 기억에 남는 말이다.

> "용훈님. 시간, 사람, 돈 중에서 돈을 구하는 것이 가장 쉽고
> 시간을 구하는 것이 가장 어려워요."

스타트업 성장을 단순하게 생각해보자. 제품이나 서비스가 우수하면 고객 잔존율은 높아지고 시간 흐름에 따라 자연적으로 고객의 수는 증가할 것이다. 물론 자연스런 성장을 기대할 수도 있으나 물 들어올 때 노를 저으라는 말이 있듯, 시장 선점을 위해 혹은 규모의 경제가 효과를 발휘할 수 있는 영역에 도달하기 위해 투자금을 활용할 수 있다. 투자금을 활용해서 서비스 영역을 확대하거나 공격적인 마케팅으로 고객 유입을 인위적으로 늘리는 것이다. 다시 말해 시간이 지나면 자연스레 그 영역까지 도달할 수도 있겠지만 돈을 써 그 시간을 단축시

키는 것이다.

다만 스타트업은 사업에만 투자금을 쓰는 것이 아니라 직원 보상이나 복지에도 많은 비용을 지출한다. 스타트업 비용 지출을 시간을 사는 행위로 바라보지 않고 비용 지출 그 자체로 놓고 보면 투자금의 방만한 사용이 아니냐는 말이 나올 수밖에 없다. 스타트업의 보상과 복지는 그 규모가 크기도 하지만 그 사용에 있어서도 제한이 없는 경우가 많기 때문이다.

점심이나 저녁 식대를 제공하는 스타트업을 쉽게 찾아볼 수 있는데 이러한 식대를 제공함에 있어 별도의 제한을 두지 않는 경우도 있다. 기성기업이라면 제도의 악용을 먼저 걱정하겠지만 해당 제도를 운영하는 스타트업에서는 식대를 제공함으로써 얻는 이득이 제도의 악용에서 발생할 수 있는 손해보다 크다고 생각하기 때문에 그렇게 하는 것이다. 그리고 세간의 우려와 달리 식대의 제한을 두지 않는 스타트업에서 구성원이 제도를 악용하는 경우는 그리 많이 발생하지 않는다.

만약 제도의 악용을 막기 위해 구체적이고 세세한 기준을 두기 시작하면 그 자체로 시간 낭비가 발생한다. 어떠한 제한 기준을 둔다는 것은 그 기준이 지켜지는지에 대한 확인 과정까지 수반하기 때문이다. 기준에 따라 비용이 지출되었음을 증빙해야 하고 그 증빙이 적합한지에 대한 누군가의 결재나 승인 절차까지 뒤따라야 한다. 실제 발생하지 않았지만 미래에 발생할지도 모를 비용의 낭비를 막기 위해 수많은 사람의 시급을 하늘로 태워버리는 짓을 하는 셈이다. 다시 말해 기준의 부재로 인해 발생할지도 모를 추가 비용과 직원들이 확정적으로 소모해야 하는 시간의 가치를 비교해볼 때 차라리 비용의 발생이 더 이득이라고 생각하는 것이다.

이는 회사의 규모가 작은 스타트업이기 때문에 가능한 면도 있다. 1000명의 조직에서 나 하나쯤이야 하는 생각을 하는 것과 100명의 조직에서 나 하나쯤이야 하는 생각을 하는 것에는 심리적 부담감 측면에서 큰 차이가 있다. 이에 더해 100명 중 1명의 악용자를 찾는 것은 1000명 중 1명의 악용자를 찾는 것보다 훨씬 쉬운 일이고, 100명 조직에서 1년 치 지출을 한꺼번에 까보는 것도 크게 어려운 일은 아니다. 물론 이러한 요인으로 무제한 식대에 참여하는 구성원의 행동을 설명하는 것은 인간의 자율성을 저평가하는 부분이 없지 않아 있다. 비용의 지출을 개인 자율에 맡기기 위해서는 잘 조직된 조직문화와 상호 간의 신뢰 역시 매우 중요하다.

스타트업의 보상 수준이 생각보다 높은 반면 대기업에 비해 복지 제도는 단순한 것 역시 이와 비슷한 맥락으로 보면 된다. 복지 제도가 복잡하면 복잡할수록 구성원이 혜택을 찾아 먹기 위해 많은 노력과 시간을 소모해야 한다. 해당 복지 제도를 운영해야 하는 지원 직무 구성원의 노력과 시간도 발생한다. 지나치게 복잡할 경우 운영 과정에서 실수가 발생하고 혜택을 누려야 할 구성원이 해당 혜택을 누리지 못하는 일이 일어날 수 있다. 이것저것 복잡하게 운영하기보다는 복지를 단순하게 운영하거나 최소화하고 차라리 그 돈으로 연봉이나 올려

주자는 것이다. 결국 스타트업에서 돈을 쓰는 행위는 시간을 벌고 최종적으로는 그것이 돈을 버는 행위가 되는 셈이다.

참, 그렇다면 가장 뇌리에 남았던 말은 무엇이었을까 궁금해할 분도 있을 법하다. 분명 긍정적인 상황에서 나온 발언이긴 했는데, 당시의 맥락과 뉘앙스가 완벽히 전달될지는 모르겠지만 정확히 다음과 같은 말로 기억한다.

"와. 용훈님 생각보다 일을 잘하시네요?"

6

평가와 보상

평가의 목적은
무엇일까?

평가는 첫째도 성장, 둘째도 성장,
셋째도 구성원의 성장에 초점을 맞춰야 한다.

모든 시합이나 시험의 목적이 승패와 순위의 결정에 있지는 않다. 본선을 위한 평가전이나 본시험을 준비하기 위한 모의고사도 일종의 시험이다. 예를 들어 대입 수험생들은 11월 대학수학능력시험 이전에 6월 모의고사를 치른다. 모의고사에서는 성적 그 자체보다 문제의 출제 경향, 현재 자신의 상태에 대한 점검이 중요하다. 다시 말해 성장과 개선에 그 목적이 있다. 반면 수능은 원하는 대학, 학과라는 제한된 자원을 얻기 위해 그 자격을 증명하는 자리다. 이렇게 본다면 시험의 목적은 크게 현황 파악을 통한 성장과 제한된 자원의 분배로 나눌 수 있다.

대다수 직장인에게 평가는 공정한 분배를 위한 것으로 인식된다. 그래서 모두가 입을 모아 평가의 공정성을 요구한다. 많은 조직이 공정한 평가 제도를 만들기 위해 노력하지만 그럼에도 불구하고 평가의 공정성을 달성하기란 어렵다. 사람이라면 누구나 자기 자신에게 관대한 평가를 내린다는 사실을 차치하고서라도 많은 이들이 평가가 불공정하다 느끼는 것은 역설적이게도 평가 제도의 탓이 아니다.

평가가 불공정하다고 느끼는 이유는 평가가 보상에 직접적으로 연결되어 있기 때문이다. 다시 말해 사람들의 불만은 평가 불공정성이 아니라 보상 불공정성에 대한 것이다. 그런데 보상 불공정성은 조직의 운영 방향이나 보상 구조에 영향을 받는다. 그러다 보니 보상에서 비롯된 평가에 대한 불만은 상대적으로 기성기업에서 더욱 도드라지게 나타난다.

능력이나 업무 역량에 따라 평가가 이루어지고 그에 따른 보상이 주어지기를 원한다. 그러나 기성기업은 일반 사무직의 공개채용을 통한 조직 중심의 HR 운영이 이루어지고, 그에 따라 개인의 전문성보다는 구성원의 직급이나 직책과 같은 연공적인 속성에 따라 보상 범위가 달라진다. 실제로 직급 간의 연봉 역전이 일어나는 경우가 흔치 않고, 승진으로 인한 연봉 상승이 몇 년간의 연봉 상승보다 훨씬 큰 경우도 허다하다.

이런 상황을 타개하고자 연공이 아닌 성과와 능력에 따라 파격적인 보상을 시도하려는 기성기업들도 있다. 다만 평가 인상에 대한 인건비 재원은 한정적이고 일하는 방식의 변화도 동반되지 않았기에 큰 재미를 보기는 어렵다. 기성기업에서는 구성원이 조직 내에서 작은 단위 업무를 담당하는 분업 방식을 택하고 있어 개인 간의 업무 역량 차이가 그렇게까지 극단적으로 드러나지 않기 때문이다. 간혹 상징적인 측면에서 규격 외의 인물들에게 파격적인 보상을 제공하곤 하지만 이는 특이 케이스일 뿐 전체적인 기조가 달라지진 않는다.

반면 스타트업에서는 평가 공정성에 대한 이슈가 상대적으로 덜하다. 평가와 무관하게 수시로 연봉 조정이 이루어지기도 하고 심지어 몇몇 스타트업에서는 공식적으로 평가가 존재하지 않는 경우도 있다. 앞서 기성기업의 사례와 종합해 말하자면 평가 공정성은 사실 보상 공정성에 대한 것이고 평가가 이루어지지 않아도 보상 공정성을 확보할 수 있다는 것이다. 다시 말해 평가와 보상은 별개라는 소리다.

스타트업에서 평가와 보상의 분리가 가능한 이유는 직무 중심의 조직 운영과 목적조직을 통한 협업 위주의 업무 수행에 있다. 기성기업처럼 순환 직무가 이뤄지는 것이 아니라 구성원 각자가 직무 전문가로서 해당 직무를 수행한다. 게다가 기성기업처럼 특정 단위 업무만을 담당하는 것이 아니라 목적조직 내에서 해당 직무 영역 전반을 책임진다. 그 과정에서 고밀도의 협업이 발생하고 개인의 직무 역량을 관찰할 수 있는 기회도 훨씬 많다. 이런 이유로 인해 구성원의 직무 역량 판단이 상대적으로 용이하고 이를 바탕으로 합당한 보상을 지급할 수 있는 것이다.

평가와 보상의 직접적인 연계가 이뤄지지 않는다면 몇몇 스타트업이 그랬던 것처럼 굳이 평가 제도가 필요하지 않다고 말할 수 있다. 그러나 그럼에도 불구하고 평가는 필요하다. 서두에서 밝혔듯이 시험의 목적은 단순히 제한된 자원의 분배에 있는 것이 아니다. 현재에 대한 점검과 성장에 대한 방향성을 제시하는 역할도 수행한다.

평가와 보상을 분리하지 못해 발생하는 오해이지만 일상적으로 이뤄지는 20XX년 귀속 평가는 본시험이 아니다. 평가와 보상이 연동된다 하더라도 평가의 결과가 내년 연봉에 반영될 뿐 회사 생활이 끝나는 것이 아니라는 말이다. 연봉 인상 후에 퇴사할 것이 아니라면 매년 이뤄지는 평가는 모의고사에 가깝다. 일반적으로 평가를 잘 받고자 하는 동기는 그것이 보상에 연계되기 때문인데 사실 이는 잘못된 인과관계의 설정이다. 일을 잘하는 사람에게 더 높은 보상을 제공하는 것이고, 평가는 일을 더 잘할 수 있도록 도와주는 역할을 해야 한다.

대부분 스타트업이 경력직을 채용하지만 그것이 직무 역량의 완성을 의미하는 것은 아니다. 신입사원과 비교했을 때 직무 전문가라는 것이지 사람이라면 누구나 더 배우고 발전해야 한다. 평가를 단순히 지나간 시간의 공로와 과오를 구분하는 데 쓸 것이 아니라 구성원의 성장을 끌어낼 수 있도록 조언과 학습의 기회로 사용해야 한다. 당연하게도 구성원의 발전은 곧 조직 역량의 상승으로 이어지기 마련이다.

평가의 또 다른 목적은 인정recognition에 있다. 과거 평가가 없던 조직에 있을 때 구성원 중 한 명이 자신에 대한 의심을 호소했다. 평가가 없으니 자신이 잘하고 있는지 못하고 있는지, 더 잘하려면 어떻게 해야 할지 모르겠다는 것이다. 재미있는 건 그 구성원이 해당 직무에서 세 손가락 안에 드는 실력자였다는 점이다. 흔히 평가는 일방적으로 회사를 위한 것이라 생각하기 쉽지만 평가를 통해 막연한 불안감을 해소하고 구성원 스스로가 자신에 대한 확신을 얻을 수 있다.

그것이 어떤 종류의 것이든 HR 제도는 조직의 가치체계와 일하는 방식과 정렬돼야 한다. OKR을 활용하여 성장을 추구하는 조직이라면 HR 제도 역시 개인의 성장과 발전을 염두에 둬야 한다. 조직 성장을 위해 개인의 보상을 희생하라는 선당후사와 같은 말을 하려는 것이 아니다. 평가를 통한 성장과 보상의 공정성은 분리해서 보자는 것이다. 보상의 공정성은 앞서 학습과 교육에서 언급했듯이 구성원의 역량에 대한 합당한 보상을 통해 이룰 수 있다.

제한된 자원을 나누기 위해 이루어지는 평가와 구성원의 성장을 유도하는 평가는 분명히 구분돼야 한다. 평가에 대한 보상의 직접적 연계는 개인의 외재적 동기를 자극하고, 평가를 통한 개인의 성장 그리고 성장에 대한 보상은 개인의 내재적 동기를 자극한다. 결국 조직 성장을 추구하고 구성원의 내재적 동기를 중시하는 스타트업에서의 평가는 구성원의 성장을 목적으로 삼아야 한다.

다면평가는
과연 효과적일까?

다양한 관점이 공정할 것이라는 환상.
사공이 많을수록 방향은 모호해진다.

수평적으로 일하는 조직 내 개인에게 업무 자율권과 의사결정 권한이 있다고 해서 이것이 개인의 독단적인 업무 수행을 의미하지는 않는다. 담당자는 업무 관계자들과 충분한 논의와 협의를 통해 설득하고 공감을 얻는 과정을 거쳐야 한다. 그 과정에서 업무 관계자들은 담당자에게 도움이 되도록 각자의 전문성에 기반하여 다양한 의견을 제시한다. 당연하게도 이 과정에서 모든 사안에 대해 담당자와 업무 관계자의 의견이 일치하진 않는다.

업무 관계자들과 협의와 설득의 과정을 거친다고 해서 업무 진행이 다수결로 이루어지는 것은 아니다. 업무 관계자들이 어떤 의견을 제시하든 최종 의사결정 권한은 담당자에게 있다. 다수 의견이라고 해서 항상 옳은 것은 아니며, 실제 모든 동료의 반대에도 본인의 의사결정을 통해 뛰어난 성과를 낸 경우도 있다. 이런 형태의 일하는 방식을 흔히 DRIdirectly responsible individual라고 표현한다.

스타트업에서 이런 방식으로 일하는 이유는 사람은 누구나 불완전하기 때문이다. 개인이 지닌 능력과 시각은 제한적이어서 그 모자람을 동료의 도움으로 보완하기 위함이다. 다만 동료의 도움은 언제까지나 보완적 수단에 그칠 뿐이지 최종 결정 권한은 담당자 개인에게 달려 있다. 다면평가 역시 마찬가지다. 평가자 개인의 시선은 제한적이기에 그것을 보완하기 위한 목적으로 다면평가를 활용하는 것이다. 다수의 시선이 옳기 때문에 다면평가를 하는 것이 아니다.

다수의 사람들이 다양한 관점으로 평가하면 그 결과가 공정할 것이라 생각한다. 얼핏 보면 맞는 말처럼 보인다. 하지만 이는 착각이다. 흔히 이루어지는 하향식 평가가 불공정하다면 다면평가 역시 공정성을 담보하지 않는다. 평가자를 통한 하향식 평가의 공정성이 60%라면 다면평가에 참여하는 평가자의 공정성도 60%라 가정해야 한다. 아니, 오히려 다면평가 평가자의 공정성이 하향식 평가의 평가자보다 못할 수도 있다. 기성기업의 사례를 봤을 때 하향식 평가에 대한 교육은 있어도 다면평가에 대한 구성원 교육은 대개 이루어지지 않는다.

물론 공정성이 60%라 하더라도 독립시행 관점에서 평가자 수를 늘리면 의미 있는 결과를 얻을 수도 있다. 보통 다면평가의 평가자 수를 적게는 4명에서 많게는 15명 내외까지 추천하는 경우가 있다. 그러나 평가자 수를 늘리는 것 자체가 현업에서 이루어지기 어렵다. 일단 평가를 할 수 있을 만큼 밀접히 일하는 동료의 수가 많지 않다. 특히 기성기업에서는 대부분 분업의 형태로 업무가 이루어져 누가 어떤 일을 어떻게 하는지 파악하기조차 어렵다. 업무에 대한 접점이 적으면 관찰가능성 역시 떨어질 수밖에 없다.

관찰가능성을 배제한다 하더라도 무작정 평가자의 수를 늘리기 어렵다. 만약 동료 6명에게 평가를 받으려면 개인 역시 다른 동료 6명을 평가해야 함을 의미한다. 다면평가의 공정성을 높이기 위해 평가자 수를 늘리는 만큼 개인이 평가해야 할 동료의 수 또한 비례해서 증가한다. 평가해야 할 대상자의 수가 늘어나면 평가 작성에 대한 피로도는 증가하는 반면 작성된 평가 결과에 대한 질적 수준은 떨어진다.

평가 작성의 피로도나 불편함을 언급하면 편의성을 위해 O/X 방식이나 1~5점 방식의 객관식을 대안으로 제시하는 경우가 있다. 그러나 개인에 따라 판단 기준이 다르기 때문에 객관식 문항을 바탕으로 한 다면평가는 객관성이 떨어진다. 뿐만 아니라 직관을 바탕으로 이루어지는 평가는 이미지 투표나 인기 투표로 귀결될 확률이 높다. 관찰 결과를 근거 삼아 이루어지는 정성적인 평가와 별 고민 없이 찍고 넘어가는 평가 중 어느 것이 공정할지는 고민할 필요도 없다. 어떤 방식의 평가든 그것이 의미를 지니려면 구체적인 근거나 사례에 따라 정성적인 방식으로 작성돼야 한다.

게다가 하향식 평가와 달리 다면평가는 공정하게 임해야 할 동기가 전혀 없다. 하향식 평가는 평가 결과를 해당 구성원에게 공유해야 하므로 신경 쓸 수밖에 없다. 반면 다면평가는 본인이 직접 공유하지도 않고 다른 의견에 숨을 수 있어 의도나 목적성을 지니기 쉽다. 실제 다면평가 결과를 보상이나 승진에 직접적으로 연계한 경우 다면평가가 정치적 수단으로 변질된 사례를 어렵지 않게 접할 수 있다. 최근에는 객관적이지 못한 다면평가를 승진에 반영하는 것이 적절치 않다는 행정법원의 판례도 있었다.

다면평가의 평가자에 더불어 무엇을 평가할 것인가도 고민해야 한다. 기존 평가를 다면평가로 대체하려는 경우 다면평가를 통해 직무 역량이나 성과에 대한 평가를 시도하는 경우가 있다. 다면평가를 통한 직무 역량 평가는 기능조직을 활용하는 기성기업이나 목적조직을 활용하는 스타트업 양쪽 모두 비합리적이다.

기성기업의 경우 협업이 아닌 분업을 바탕으로 업무가 진행된다. 동료가 어떤 직무 역량을 지니고 있는지 혹은 어떤 성과를 냈는지 파악하기 어렵다. 반대로 스타트업 같은 목적조직의 경우 협업은 긴밀하게 이루어지지만 목적조직 구성 자체가 여러 직무 전문가들로 이루어져 있다. 다시 말해 서로의 직무가 달라 직무 역량에 대한 평가를 제대로 하기 어렵다. 그렇다고 해서 동일 직무끼리의 다면평가도 불가하다. 실제 업무의 접점이 없기 때문이다.

결국 다면평가는 직무 역량이나 성과보다는 업무 외적인 부분을 볼 수밖에 없다. 해당 구성원이 협업과 소통 과정에서 조직의 가치체계나 일하는 방식에 따라 업무를 수행하는지 말이다. 그러나 단순히 일하는 방식에 대한 평가로 보상이나 승진을 결정해서는 안 된다. 결국 평가의 공정성을 떠나 다면평가로 무엇을 평가할 수 있을지에 대한 고민만 해봐도 기존의 평가를 다면평가로 대체하는 것이 비합리적인 일임을 알 수 있다.

다면평가의 목적을 자원의 분배가 아닌 구성원 성장에 두면 운영상 한계는 일부 해소할 수 있다. 만약 연 단위 평가나 보상에 반영하지 않는다면 굳이 모든 구성원의 다면평가가 동일한 시기에 이루어질 필요가 없다. 1년에 한 번 6명에 대한 다면평가를 한꺼번에 진행하는 것보다 2개월에 한 번 1명에 대한 다면평가를 작성하는 것이 작성자 입장에서 부담이 덜하고 작성 결과 또한 높은 수준을 유지할 수 있다. 이에 더해 다면평가에 대한 정량화나 표준화의 필요성이 상대적으로 덜하기 때문에 보다 자유롭고 실질적인 방식으로 성장에 대한 조언과 피드백을 제공할 수 있다.

기성기업에서 흔히 일어나는 일 중 하나인데 구성원이 직속 상사의 다면평가를 요구하는 경우가 있다. 요구의 배경을 들어보면 상사를 견제할 수 있는 일종의 무기를 달라는 것이다. 표면적으로는 상호 핵무장을 바탕으로 상호확증파괴에 기반한 평화로운 척하는 조직 문화가 만들어질 수는 있다. 그런데 견제와 긴장으로 유지되는 평화는 동료 간의 원활한 소통과 협업을 저해하기만 할 뿐이다. 인사상 신상필벌을 위한 다면평가는 조직에 해가 될 수밖에 없다.

스타트업에서
평가는 어떻게 해야 할까?

수평적이고 유연한 조직은 평가 방식도 그러해야 한다.
단, 평가의 목적이 구성원 성장에 있다는 점은 변하지 않는다.

일하는 방식이 달라지면 HR 제도 역시 달라질 수밖에 없다. 기성기업에서 일하는 방식과 스타트업에서 일하는 방식은 너무나도 달라서 HR 제도 또한 다르게 운영해야 한다. 스타트업은 기성기업과 달리 업무 주기가 빠르고 직무 전문가 중심의 목적조직으로 운영된다. 따라서 스타트업에서는 이러한 조건을 고려하여 일하는 방식을 지원할 수 있는 평가 제도를 기획하고 운영해야 한다.

일반적인 기성기업의 업무 주기는 1년으로 맞춰져 있다. 반면 스타트업의 경우 OKR을 활용하여 분기 혹은 반기 주기로 업무를 진행한다. OKR의 종료 시점에는 해당 OKR에 대한 회고가 이루어지고 회고의 결과가 다음 OKR 설정과 더불어 조직 구조에 영향을 미치기도 한다. 조직은 분기나 반기 단위로 OKR 설정과 회고가 이루어지는데 구성원 평가를 1년 단위로 진행하는 것은 다소 어색할 수밖에 없다.

이에 더해 기성기업에서는 1년에 한 번 이루어지는 평가 결과에 따라 보상이 결정되지만 스타트업에서는 보상을 비정기적으로 결정해야만 한다. 시장 수요가 많은 직무의 경우 이들을 채용하기 위한 파격적인 보상 정책이 다양한 기업으로부터 실시간으로 쏟아져 나오고 있다. 이러한 상황에서 1년 단위의 평가와 보상을 고집한다면 주요 직무의 주요 인력을 놓칠 수밖에 없다. 구성원의 이탈 위험을 줄이기 위해 선제적인 보상 상향과 더불어 잔류가 필요한 인력에 대해서는 카운터오퍼counter offer도 적시에 활용해야 한다.

정리하자면 두 가지 이유로 인해 시점의 측면에서 평가와 보상에 대한 직접적인 연계가 끊어질 수밖에 없다.

구성원의 평가 주기는 조직의 업무 주기, 다시 말해 OKR 주기와 일치하는 것이 효율적이다. 조직의 회고가 끝난 마당에 평가를 위해 과거의 기억을 더듬는 것도 우스운 일이기 때문이다. 그렇다고 해서 OKR 주기에 따라 매번 보상의 변화가 이루어질 수도 없는 노릇이다. 여기에 더해 1년보다 짧은 주기로 개인에 대한 보상 결정이 이루어져야 하는 경우가 많아지고 있다. 적절한 보상 수준을 결정하기 위해 넓은 의미의 평가는 수시로 이루어지겠지만 결국 정기적인 평가와 보상의 고리는 끊어지게 되는 것이다.

스타트업의 인력 특성과 인력 운영 방식 또한 기성기업과 다르다. 기성기업에서는 구성원 역량이나 성과가 정규분포곡선을 이룬다 가정하고 상대적인 평가 등급을 배분한다. 그러나 스타트업은 직무 중심의 경력직 채용으로 인력이 구성되고 인력의 역량은 기성기업에 비해 상향 평준화되어 있다. 다시 말해 정규분포곡선의 오른쪽 절반에 해당하는 인력으로만 구성되어 있다고 해도 크게 틀린 말은 아니다. 이런 상황에서 기계적인 상대평가 방식을 통해 일부 인원에게 낮은 등급의 평가 등급을 할당해버리면 평가 결과의 수용성은 바닥을 치게 된다.

기성기업이 활용하던 상대평가 방식을 스타트업에 적용하기 어려운 또 다른 이유는 평가그룹 설정이 어려워서다. 기성기업에서는 직급이나 연차에 따라 평가그룹을 구분한다. 기대치가 유사한 구성원을 모아서 그들 간의 상대적인 역량과 성과를 비교한다. 그런데 다양한 직무를 운영하는 스타트업의 경우 하나의 직무 내에서 평가그룹을 나눌 만큼 인원수가 확보되지 않는 경우가 많다. 그렇다고 해서 기대치가 상이한 구성원을 한 바구니에 넣고 상대적으로 비교하기에는 무리가 있다.

이러한 이유로 스타트업에서는 상대평가가 구조적으로 비효율적이다. 인재밀도가 높기 때문에 강제적인 등급 배분에 대한 반발은 기성기업보다 클 수밖에 없고 세분화된 직무 관리로 인해 상대평가를 위한 평가그룹 설정 방식도 적용하기 어렵다. 결국 스타트업에서는 절대평가 방식을 활용할 수밖에 없다.

절대평가에 대해 한 가지 짚고 넘어갈 것이 있다. 절대평가를 활용할 때 평가그룹이나 강제적인 등급 배분이 없다고 해서 상대적인 관점이 사라지는 것은 아니다. 무엇이든 가치판단이 이루어지기 위해서는 기준이 있어야 한다. 만약 하나의 직무조직에 속하는 모든 구성원에 대해 동일한 잣대의 절대평가가 이루어질 경우 해당 직무 전체를 평가그룹으로 하는 상대평가와 동일한 결과가 나타날 수 있다.

예를 들어 연봉이 1억 원인 직무자와 5천만 원인 직무자가 있다 가정하자. 심각한 채용 비리가 있지 않은 이상 연봉 1억 원을 받는 직무자가 연봉 5천만 원을 받는 직무자보다 직무 역량이 뛰어날 것이다. 단순히 잘한다 혹은 못한다의 가치판단이 이루어지면 연봉 1억 원을 받는 직무자가 연봉 5천만 원을 받는 직무자보다 더 나은 평가를 받게 된다. 절대평가는 단순히 직무 역량의 우열을 가리는 것이 아니다.

절대평가 기준은 연봉, 다시 말해 해당 구성원에게 기대하는 역량 수준이 되어야 한다. 연봉 1억 원을 받는 직무자는 1억 원에 해당하는 업무를 수행해야 하고, 연봉 5천만 원을 받는 직무자는 5천만 원에 해당하는 업무를 수행하면 된다. 각자의 기대 수준에 따른 절대평가가 이루어지고 그 결과가 보상에 반영되어야 보상의 공정성이 지켜질 수 있다.

목적조직을 활용하는 스타트업의 경우 매트릭스 형태로 조직이 운영된다. 실제 협업이 이루어지는 목적조직과 더불어 동일 직무로 구성된 직무조직이 공존하는 방식이다. 목적조직은 실제 업무가 이루어지지만 다양한 직무로 구성되어 있고 구성원 간 상하관계가 불명확하다. 따라서 서로의 직무 역량에 대한 하향식 평가가 불가능한 구조다. 반면 직무조직의 경우 일반적으로 직무 리더가 존재하기 때문에 직무 역량에 대한 하향식 평가는 가능하다. 하지만 실제 업무를 진행하는 과정에 대한 관찰가능성은 상대적으로 떨어진다.

기성기업의 관점에서 본다면 직무 역량에 대한 평가가 우선이므로 목적조직 내 평가는 중요하지 않게 여겨질 수 있다. 그러나 스타트업에서 개인 직무 역량만큼이나 중요한 것이 문화적합성이다. 일하는 방식의 정렬이 이루어지지 않으면 협업 효율이 떨어지기 때문이다. 앞서 기성기업의 구성원은 다면평가에 성실히 임할 동기가 상대적으로 부족하다고 했지만 스타트업에서는 다면 피드백에 대한 참여 동기가 상대적으로 높은 편이다. 신뢰 관계 구축과 더불어 원활한 협업을 위해선 일하는 방식에 대한 상호 간의 적절한 피드백이 이루어져야 하기 때문이다.

정리하자면 목적조직에서는 구성원의 다면 피드백을 통해 일하는 방식에 대한 평가가 이루어진다. 이와 더불어 직무조직에서는 직무 리더를 통한 하향식 직무 역량 평가가 이루어진다. 서로 다른 조직에서 서로 다른 형태의 평가를 하는 셈인데 평가 결과에 대한 피드백 주체를 정하기가 까다롭다.

다면 피드백의 평가자는 다수이고 직무 역량에 대한 평가는 직무 리더 1인에 의해 이루어지므로 누군가 해야 한다면 직무조직의 리더가 할 수밖에 없는 상황이긴 하다. 그런데 직무 리더가 해당 구성원이 속한 목적조직의 다면 피드백 결과까지 취합하여 평가 결과를 공유하는 일은 너무 많은 시간을 필요로 한다. 직무조직 전체 구성원의 평가 결과 취합과 공유로 인한 직무 리더의 업무 공백을 고려하면 여간 비효율적인 방식이 아닐 수 없다. 게다가 다면 피드백이 직무조직 내에서 이루어진 것도 아닌데 다면 피드백 결과를 직무 리더가 전달하는 것도 이상하다.

이 지점에서 평가와 보상의 운영 주체가 분리될 수 있다. 서로 다른 조직을 기준으로 서로 다른 평가가 이루어진다면 HR이 개입하는 것도 하나의 방법이 될 수 있다. HR이 목적조직의 다면 피드백 결과와 직무조직의 직무 역량 평가를 종합하여 해당 구성원에게 공유하고 그를 바탕으로 해당 구성원의 보상을 결정하는 역할까지 담당하는 것이다.

HR이 평가 결과의 공유와 보상 결정에 관여하는 것이 효율적인 이유는 크게 두 가지다. 앞서 언급했던 것처럼 직무 리더의 인사 관리 업무를 대신함으로써 직무 리더의 높은 시급을 상대적으로 낮은 시급의 HR로 대체할 수 있다. 또 다른 이유는 뒤에서 다루겠지만 기능적으로 HR이 보상의 적정성을 판단하기 가장 쉽고 적합한 위치에 있기 때문이다.

스타트업 특성상 스타트업에서는 평가와 보상이 다소 분리될 수 있다. 평가와 보상의 직접적인 연계가 느슨하다면 평가 목적을 보상의 분배보다는 구성원의 성장에 두는 것이 바람직하다. 다면 피드백을 활용하여 서로 일하는 방식을 조율하고 시너지 확대를 도모할 수 있다. 기대하는 역량 수준을 바탕으로 구성원의 직무 역량을 평가하고 직무 역량에 합당한 보상을 제공한다면 구성원의 성장을 유도할 수 있고 조직의 성장도 기대할 수 있다.

보상의 적정성은
어떻게 판단할 수 있을까?

중요한 것은 보상질서다.
더 중요한 것은 보상만큼 역할하도록 만드는 것이다.

건설업처럼 업종 특성상 전문적인 경험과 지식을 요하는 경우 인력은 동종업계 내에서만 순환된다. 인력 순환이 폐쇄적인 업계의 경우 HR 직무 담당자 중심으로 각 사의 보상 정보가 공유되기도 한다. 점유율이나 매출 순위에 따라 업종 내 암묵적인 서열이 있고 이를 바탕으로 상대적인 보상질서를 유지하는 방식으로 해당 정보를 활용한다.

스타트업이 처한 환경은 이와 정반대다. 대다수 스타트업에서 필요로 하는 직무는 모든 산업군에 호환 가능할 뿐만 아니라 구인 시장에서의 수요 역시 높은 편이다. 인력 순환이 자유로운 환경에서는 연봉 정보의 공유와 공개에 소극적일 수밖에 없다. 자칫 타사의 채용 타깃이 되어 대규모 인재 유출 위험이 있기 때문이다.

HR 직무에서 일하다 보면 외부의 연봉 정보가 필요할 때가 있다. 시장 대비 우리 조직의 보상 수준이 어느 정도인지 알아야 향후 보상 정책을 세울 수 있기 때문이다. 이런 요구로 인해 매년 설문을 통해 주요 기업의 보상 정보를 제공하는 업체도 있다. 이를 내부 보상 정책 점검에 참고할 수는 있지만 몇 가지 이유로 효용성은 그리 높지 않은 편이다.

가장 큰 이유는 해당 보상 정보가 현재의 시장 상황을 대변하지 않는다는 것이다. 서비스를 구독하는 회사들의 자발적인 참여로 보상 정보에 대한 설문이 이루어지기 때문에 정보가 빠르게 업데이트되지 않는다. 또한 설문 시점과 공개 시점까지의 시차도 존재한다. 주요 직무의 보상 수준은 시가처럼 매일매일 달라지고 있는 상황에 1년 전 과거 데이터는 정말 참고하는 수준에 그친다.

게다가 한국 기업을 타깃으로 한다면 참고할 만한 데이터가 부족하다. 한국 기업의 보상 정보가 없는 것은 아니지만 HR 직무자가 참고하고자 하는 이름 있는 기업의 참여는 제한적이다. 순수 한국 기업의 보상 정보보다 글로벌 회사의 한국 지사의 보상 정보가 주로 제공된다. 다시 말해 데이터의 양 자체가 많지 않다는 것이다. 시장의 큰 부분을 차지하는 기업의 보상 정보가 빠져 있다 보니 해당 정보가 온전히 시장 상황을 대변한다고 말하기 어렵다.

마지막으로 직무 분류 관점에서도 실제 스타트업의 운영 현실과는 다소 괴리가 있다. 스타트업의 경우 명확한 직무 역량을 타깃하기 위해 세분화된 직무 분류를 활용한다. 반면 보상 정보를 수집하는 업체의 입장에서는 다양한 회사의 정보를 수집하기 위해 포괄적인 직무 분류를 사용한다. 이를테면 스타트업에서는 개발 직무를 백엔드, 프런트엔드, 클라이언트 등으로 나눠 관리하는 데 반해, 보상 정보는 소프트웨어 개발 직무 하나로 합쳐서 제공되는 식이다. 직무별 자세한 보상 정보를 필요로 하는 HR 직무자 입장에서는 데이터를 직접적으로 활용하기 어렵다.

직접적인 보상 정보를 확보하기 어렵다면 업무를 통해 접할 수 있는 간접적인 데이터에 기댈 수밖에 없다. HR 입장에서 적정한 보상 수준은 두 가지로 나눠 생각할 수 있다. 첫 번째는 기존 구성원의 이탈을 방지할 수 있는 최소한의 보상이고, 두 번째는 신규 구성원을 채용하는 데 필요한 최소한의 보상이다. 일반적으로 잔류에 필요한 보상 수준은 채용에 필요한 보상 수준보다 낮다. 관성의 측면에서 신변의 변화와 새로운 환경에 대한 적응은 생각보다 많은 용기와 에너지를 필요로 한다. 실제로 비슷한 연차와 역량일 때 외부에서 데려온 경력직 연봉이 기존 구성원 연봉보다 더 높은 사례를 어렵지 않게 찾을 수 있다.

근로자 개인 관점에서 적정한 보상 수준을 판단하는 기준은 또 다르다. 보통의 경우 보상의 절댓값보다는 보상의 상대성에 집중한다. 심각한 정도가 아니라면 구성원에게 있어 회사 간의 보상 수준 차이는 큰 문제가 아니다. 복리후생을 비롯한 보상 구조에 차이가 있을 것이고, 업무 환경이나 조직문화가 주는 차이도 있어 직접적인 비교가 어렵기 때문이다.

그러나 동일 조직에서 비슷한 직무를 수행할 경우 비교의 관점은 명확해진다. 회사가 다르면 비슷한 역량의 직무자가 자신보다 더 많은 보상을 받는다고 해서 거기에 큰 불만을 갖지는 않는다. 반면 동일 조직에서 자신과 비슷한 역량의 동료가 자신보다 더 많은 보상을 받고 있거나 자신보다 역량이 부족한 동료가 자신과 비슷한 보상을 받는 것은 문제가 된다. 조직 내 보상 수준은 대외적인 보상 경쟁력도 감안해야 하지만 그보다 중요한 것이 역량에 따른 보상 질서다.

단기적으로는 이탈을 막기 위한 보상과 채용에 필요한 보상이라는 두 가지 보상 수준이 공존할 수 있다. 그러나 장기적으로는 개인이 보는 보상의 상대적 관점으로 인해 이탈을 막기 위한 보상 수준이 채용에 필요한 보상 수준으로 수렴하게 된다. 동일 직무에 유사한 역량을 가진 두 사람이 있다고 가정하자. 한 사람은 조직에 오랜 시간 몸담아서 상대적으로 낮은 연봉을 받고 있고, 나머지 한 사람은 조직에 새로 합류해서 최근 시장의 보상 수준이 반영된 높은 연봉을 받고 있다. 당장은 큰 문제가 없겠지만 이러한 불균형은 오래 지속될 수 없다.

과거와 달리 요즘에는 근로자 개개인이 자신의 보상 수준을 공유하는 데 거리낌 없다. 물론 회사 입장에서는 개인의 보상 정보를 인비로 관리하길 요청하지만 구성원 입장에서는 자신의 연봉을 공유하는 것이 우월전략이기 때문이다. 본인의 보상 수준이 유사한 역량의 동료 대비 높다면 그걸로 만족하는 것이고 모자라다면 인상을 요구하거나 이직을 통해 유사한 수준의 보상을 기대할 수 있다.

잡은 물고기에 대한 처우를 박하게 한다면 아무리 관성의 힘이 강하더라도 구성원 이탈을 막을 수 없다. 드문 경우이지만 반대의 경우도 마찬가지다. 개국공신으로 인정받은 고인물의 보상 수준이 역량 대비 훨씬 높게 설정되어 있다면 새롭게 합류한 구성원의 보상 수준도 그에 상응하는 만큼 인상하지 않는 한 새로운 구성원의 장기근속을 기대하긴 어렵다. 결국 중요한 것은 역량을 기준으로 한 상대적인 보상질서다.

결론적으로 HR 직무자 입장에서 보상의 적정 수준을 관리하는 방법은 채용 시의 외부 보상 수준을 참고하여 내부 보상 수준을 정비하는 것이다. 물론 여기에는 두 가지 전제 조건이 있다. 채용을 진행하는 과정에서 외부 보상 수준에 대한 데이터를 충분히 쌓아야 하고, 시장의 지배자가 아닌 이상 외부 시장에 선제적으로 대응해서는 안 된다는 것이다.

외부의 보상 수준을 참고해서 내부의 보상 수준을 조정하려면 그 데이터가 충분해야 한다. 몇 가지 예외 사례로 성급하게 대응하면 조직 전반에 과보상이 이루어질 수 있다. 실제 채용을 진행하다 보면 이전 직장에서 역량 대비 과한 보상을 받고 있는 후보자도 존재한다. 따라서 반복되는 채용과 처우 협상 과정에서 후보자 역량 수준을 파악하여 그에 대한 보상 데이터를 충분히 쌓고, 그 데이터를 바탕으로 내부 구성원의 역량 수준과 보상 수준을 비교해야 한다.

두 번째로 조직이 시장의 최고 보상 수준을 지향하지 않는 이상 내부 구성원에 대한 전체적인 보상 수준의 상향은 항상 보수적으로 접근해야 한다. 보통의 경우 외부 유입 인력의 보상 수준이 더 높기 때문에 내부 보상 수준이 외부 보상 수준으로 수렴한다고 했지만, 반대의 경우라도 신규 입사자의 보상 수준이 내부의 보상 수준으로 수렴하게 된다. 결국 조직 전체적으로 역량 대비 과보상이 이루어지는 셈인데 이것이 조직에 좋은 영향을 미칠 리 없다.

그렇다고 무조건 내부 보상 수준의 상향을 제한하라는 것은 아니다. 구성원 잔류에 영향을 미치지 않는 선에서 보수적으로 접근하고 외부 보상 수준에 맞게 내부의 보상 수준을 조정하는 것이 바람직하다는 것이다. 외부 보상 수준에 대한 데이터를 관리하는 과정에서 처우로 인한 채용 실패 사례가 잦으면 그때가 내부 보상 수준의 정비를 고려할 타이밍이다. 물론 이때도 무조건 내부 보상 수준을 상향하는 것이 아니다. 합리적인 범위 내에서 내부 보상 수준을 상회하는 구성원을 먼저 채용하고 그 수준에 맞춰 내부 보상 수준을 정비하면 된다.

외부 보상 수준에 따라 내부 보상 수준을 조정하면 조직 전체의 보상 수준은 시간이 지날수록 상승한다. 인건비 증가가 부담스러울 수 있지만 물가 상승을 비롯한 시장의 움직임은 감내해야 한다. 제조업에서 높은 생산성을 위해 설비에 투자하는 것처럼 스타트업에서는 업무 효율을 높이기 위해 사람에 투자하는 것이라 생각해야 한다. 긍정적으로 본다면 카페인과 포도당만으로 가동되는 설비이니 원자재 상승에 대한 부담은 상대적으로 덜할 수 있다.

인력 이동이 자유로운 환경에서는 보상의 적정 수준이 시장에 따라 결정될 수밖에 없다. 제값을 치르지 않고 누군가를 채용하기는 어려운 일이다. 중요한 것은 제값을 치르고 채용한 구성원이 업무에 있어서도 제값을 할 수 있도록 만드는 것이다.

스타트업에 적합한
보상 제도는 무엇일까?

제도보다 보상 기준이 우선한다.
보상의 종류는 그 다음이다.

"일사부재리의 원칙"

판결이 내려진 어떤 사건에 대해 두 번 이상 심리

또는 재판을 하지 않는다는 형사상 원칙

보상 구조는 크게 기본급(또는 고정급)과 성과급(또는 변동급)으로 나뉘고 여기에 주식 보상과 복리후생 등을 더해 개인의 총 보상이 구성된다. 각각의 보상 요소는 저마다 목적이 있기 때문에 요소에 따라 보상의 결정 기준 역시 다르게 운영해야 함이 마땅하다. 그럼에도 불구하고 모든 보상 요소 수준을 구성원에 대한 종합적인 이미지 평가로 결정하는 보상 결정권자가 적지 않다.

특히 기성기업에서 주로 발생하는 옳지 않은 보상 결정 사례로 단지 '열심히 하잖아' 또는 '조직에 충성하잖아' 등의 이유로 높은 보상이 주어지는 경우를 들 수 있다. 물론 열심히 하는 것도 중요한 가치일 수 있다. 그러나 포괄임금제를 활용하지 않는 조직에서는 열심히 하는 것에 대한 대가를 연장근로수당이나 휴일근로수당 형태로 제공하고 있다. 결국 수당이 주어지는 상황에서 그저 열심히 일하는 것이 기본급이나 성과급의 수준까지 결정한다면 열심히 하는 것에 대해 이중 삼중으로 보상하는 것과 마찬가지다. 보상에 대한 일사부재리의 원칙이 지켜지지 않는 셈이다.

보상을 구성하는 요소나 기준 역시 간단 명료할수록 좋다. 그리고 각각의 요소는 성격과 목적에 맞게 운영돼야 한다. 여기서는 기본급, 성과급, 주식 보상, 복리후생 측면에서 스타트업에 적합한 보상제도 운영 방식에 대해 이야기한다.

1. 기본급

기본급은 역량에 대해 보상해야 한다. 앞서도 수차례 언급했던 부분인지라 도대체 역량에 보상한다는 것이 무슨 의미일까 궁금해할 수 있다. 역량에 대한 보상을 다른 말로 표현하자면 단위 시간당 업무 처리 효율에 따른 보상으로 바꿔 말할 수 있다.

동일 직무 담당자 A, B가 있다. 특정 업무를 처리하는 데 A는 8시간, B는 10시간이 걸린다고 가정할 때 A는 일과 시간 내에 무리 없이 주어진 업무를 완료할 수 있다. B는 업무 속도가 느려 일과 시간 내에는 업무를 완료할 수 없지만 열심히 하는 구성원이기 때문에 연장근로를 2시간 덧붙여 하루 안에 업무를 마감한다. 이런 상황에 있을 때 기성기업은 B에게 주로 더 좋은 평가와 보상을 부여했다. B가 더 열심히 했기 때문이다.

A가 일을 더 잘하는 것은 알겠는데 B도 자신의 업무를 완수하니까 최소한 동일 보상이 주어져야 하는 것이 아니냐 말할 수 있다. 일단

이건 상황에 따라 다르다. 만약 포괄연봉제를 활용하지 않는 경우라면 B에게 연장근로수당이 추가로 지급된다. 다시 말해 동일한 업무를 수행하는 데 A보다 B가 더 많은 보상을 받는 것이다. 그래도 B는 개인 시간을 쓰지 않았느냐 항변할 수 있지만 개인의 시간 투자는 중요한 판단 요소가 아니다. 오로지 업무 처리 관점에서만 봐야한다. 이런 상황이라면 A는 B의 기본급에 B의 연장근로수당만큼 더한 기본급을 받아야 마땅하다.

그럼 포괄연봉제를 활용하는 경우라면 연장근로수당이 없으니 동일한 연봉을 받아도 되지 않느냐 말할 수 있다. 사실 그렇지 않다. 바로 직전 연장근로수당이 있는 경우라면 A는 B의 기본급보다 B의 연장근로수당만큼 더 많아야 한다고 했다. 앞의 상황이든 포괄연봉제를 활용하는 상황이든 A는 그 이상으로 더 많은 기본급을 받아야 한다. 중요한 것은 하루 또는 한 달 단위의 업무 수행량이 아니다. 효율, 다시 말해 업무를 처리하는 속도가 중요하다.

스타트업에서는 긴밀한 협업을 필요로 한다. 여기에 더해 사람은 24시간 일하지 않는다. 일반적으로 하루 8시간의 근무 시간이 정해져 있다. 만약 협업을 해야 하는 업무에 A가 6시간을 쓴다면 B는 7시간 30분 혹은 8시간 정도가 필요할 것이다. 이 상황에서 다른 직무의 구성원이 해당 업무를 넘겨 받아 업무를 진행한다고 생각해보자. 업무를 받는 사람의 입장에서 일과 중에 업무를 넘겨 받는 것과 퇴근 직전 또는 다음 날 아침에 업무를 넘겨 받는 것은 천지 차이다. 고작 몇 시간 차이지만 다른 구성원의 업무 시작 시점을 고려한다면 달력상 하루의 차이가 발생할 수 있다. 결국 포괄연봉제라고 하더라도 A는 B보다 많은 기본급을 받아야 하는 것이다.

구인 시장에서 구직자의 연봉과 역량은 완전 비례하지는 않는다. 구직자의 인건비와 역량 사이에서도 한계효용체감의 법칙이 적용된다. 그럼에도 불구하고 무조건 더 뛰어난 사람을 채용해야 하는 이유는 단 몇십 분 혹은 몇 시간 차이로 조직의 운명이 달라질 수 있기 때문이다. 자신의 직무에서 얼마간의 시간을 단축하는 사람들이 모이면 일을 하루 이틀 더 빠르게 마칠 수 있고, 오늘날과 같은 무한 경쟁 시대에는 하루 이틀이 조직의 생존을 결정하기도 한다. 열심히 하는 것에 가치를 두기 시작하면 조직을 빠르게 움직일 수 없다.

결국 이런 관점이라면 기본급의 수준을 정하는 방법도 간단하다. 역량의 상대성을 바탕으로 보상의 상대성을 지켜주면 된다. 다시 말해 역량의 순서에 맞게 기본급 수준을 정렬하면 된다. 절대평가라도 평가에 대한 기준은 존재해야 하고 역량에 따른 보상질서를 세운다면 역량의 상대평가는 아무런 문제가 되지 않는다. 간혹 새로운 구성원의 합류로 인해 일시적인 불균형이 발생할 수는 있다. 이 경우라도 새로운 보상 정보를 기준으로 보상질서를 다시 조정하면 그만이다.

물론 업무 효율만 가지고 기본급을 결정할 수는 없다. 조직이나 동료에게 미치는 정성적인 부분도 분명 고려해야 한다. 아무리 개인의 업무 효율이 높다 하더라도 동료와 협업이 매끄럽지 않고 조직문화를 저해하는 구성원이라면 좋은 보상을 제공하기 어렵다. 반대로 말하면 타의 모범이 되는 구성원이라면 역량 그 이상의 보상이 주어질 수 있다. 다만 이러한 부분은 주관적인 판단이 필요하기 때문에 별도의 자세한 언급은 하지 않을 생각이다.

2. 성과급

협업이 필요한 조직에서 개인의 성과에 따라 성과급을 차등하면 조직의 성과는 저해된다.

스타트업에서 성과급에 대한 차등이 어려운 첫 번째 이유는 성과를 예측하기 어렵기 때문이다. 성과에 대한 차등이 이루어지려면 목표에 대한 적정성이 전제되어야 한다. 앞서도 언급했지만 최근 경영환경은 VUCA라 불릴 정도로 예측이 어렵다. 이에 더해 직무끼리 긴밀하게 협업하는 목적조직을 활용하고 있기 때문에 개인의 성과를 구분하기도 어렵다.

그렇다면 목적조직 단위로 성과급을 차등하는 방안을 생각할 수 있다. 이 역시 목표의 적정성에 대한 논란에서 자유로울 수 없다. 스타트업에는 수많은 목적조직이 있는데 모두가 납득할 만한 수준의 공정한 목표를 정한다는 것은 불가능에 가깝다. 목표에 따라 성과급의 차등이 이루어지면 80의 목표를 세우고 80의 성과를 내는 조직이 120의 목표를 세우고 100의 성과를 내는 조직보다 높은 성과급을 받게 되는 기현상이 발생한다. 조직은 OKR을 바탕으로 높은 이상을 그리는데 목표 달성 여부에 따라 성과급을 차등하면 소극적인 목표가 설정될 공산이 크다. 무엇보다 스타트업은 실패를 먹고 자라는 조직인데 목적조직이 목표를 달성하지 못했다고 해서 그에 따라 성과급을 차등해서 주는 것은 어불성설이다.

추가적으로 조직 단위로 성과급 차등이 이루어지면 자원의 효과적인 배치가 어려워진다. 가장 먼저 발생하는 것이 조직 간 이기주의다. 성과 달성과 무관하거나 운영 주체가 모호한 업무에 대해서는 서로 떠넘기기 이슈가 발생한다. 소모적인 R&R role&responsibility 논쟁이 발생할 뿐 아니라 운영 주체가 정리된다 하더라도 업무의 우선순위가 뒤로 밀리게 된다.

게다가 조직의 성과에 따라 성과급을 차등하면 상대적으로 성과를 내기 쉬운 조직으로 사람이 몰린다. 다시 말해 조직에서 어려운 문제를 해결하려는 사람이 없어진다는 것이다. 고역량의 구성원은 해결하기 어려운 중요한 업무에 중용되어야 한다. 그런데 만약 소속된 조직의 목표 대비 성과를 기준으로 성과급을 지급하면 고역량의 구성원은 해당 조직의 업무를 꺼려할 것이다. 고역량의 구성원은 회사의 중요 자산이다. 그런 구성원이 자신의 근속을 무기 삼아 성과가 잘 나오는 조직에 배치되기를 희망하면 회사 입장에서도 이를 거부하기 어렵다. 결국 성과가 쉽게 나오는 조직에 고역량의 구성원이 배치되고, 어렵지만 풀어야 할 문제를 다루는 조직에는 상대적으로 저역량의 구성원이 배치되는 역선택이 발생한다.

또 다른 상황으로 성과를 내지 말아야 하는 조직에서 성과를 내려고 할 수 있다. 예를 들어 데이터 관리와 인프라 개발을 담당하는 조직은 다른 조직을 지원하는 역할을 하기 때문에 눈에 띄는 성과를 내기가 어렵다. 이런 상황에서 전면에 나서 있는 조직에 더 많은 성과급이 주어진다면 지원조직에서도 사업을 하려 들 수 있다. 물론 지원하는 조직에서 만든 서비스나 제품이 시장의 호평을 받을 수도 있다. 그러나 그 조직이 담당해야 할 업무의 우선순위가 뒤로 밀려나면 그와 연계된 다른 조직의 업무 진행에 차질이 생긴다. 빛나는 조직에만 보상이 주어지면 모두가 빛나는 일을 하기 원할 것이고 결국 조직 전체는 느려질 뿐이다.

스타트업에서 조직 전체의 속도를 올리고 자원을 적재적소에 활용하기 위해서는 회사 전체의 성과를 공유하고 공동의 목표에 대한 보상이 이루어져야 한다. 물론 개인의 성과 평가가 이루어지지 않는다고 해서 모두가 동일한 보상을 지급받는 것은 아니다. 공동 목표에 대한 보상을 하더라도 성과급의 결정이 개인 연봉 대비 정률로 지급된다면 개인의 성과를 측정하지 않더라도 개인의 기여도(역량)에 따라 절대적인 보상액에 대한 차등은 이루어질 수 있다.

3. 주식 보상

일반적으로 주식 보상은 창업 초기 부족한 현금 보상을 대체하고 우수 인재를 붙잡아두는 데 그 목적이 있다. 주식 보상의 대상을 모든 구성원으로 확장하느냐 혹은 일부 구성원으로 한정하느냐는 보상 철학의 영역이다. 먼저 합류한 자들이 감내했던 고위험high risk에 대한 보상으로 여길 수 있고, 늦게 합류한 이들도 회사 성장의 과실을 함께 누리도록 할 수도 있다. 최근에는 상대적으로 많은 구성원에게 주식 보상을 약속하는 경우가 느는 추세다.

주식 보상은 회사 규모에 따라 준수해야 할 법적 요건이 다를 뿐 아니라 운영상 챙겨야 할 부분이 많아서 HR 단독으로 업무를 수행하기보다는 재무 또는 법무와의 긴밀한 협업이 필요하다. 관련 법률의 개정도 생각보다 자주 일어나기 때문에 과거의 경험이나 어느 한 사람의 말만 듣고 업무를 진행해서는 안 된다. 그리고 먼 미래의 일일 수 있지만 보상의 수단이 주식이다 보니 상장을 목표로 한다면 주주관리나 세금 처리 같은 부분에 있어서도 문제가 되지 않게 미리미리 정비해두는 것이 바람직하다.

주식 보상도 다른 보상 요소와 크게 다르지 않다. 명확한 원칙에 따라 보상이 이루어져야 한다. 부족한 현금 보상을 대체하는 목적이라면 부여 수량에 대한 내부적인 기준이 있어야 하고, 주요 인재의 잔류가 목적이라면 주요 인재에 대한 정의가 우선해야 한다. 기준이 명확하다면 다음 고민거리는 부여 주기일 텐데 가급적이면 수량을 나눠서 부여하는 것이 좋다.

한 번에 지나치게 많은 주식 보상이 이루어질 경우 과보상 문제가 불거질 수 있다. 조직이 성장하면 시장에서의 인지도가 높아지고, 인지도가 높아지면 인입되는 후보자의 수준도 높아진다. 이런 상황에서 위험을 감수했다는 이유 하나만으로 초기 합류 인원에게 역량 대비 과보상이 주어지면 이후 합류하는 고역량 구성원의 불만이 높아지고 그들의 잔류를 장담할 수 없게 된다. 위험 감수에 대한 보상도 하면서 과보상 문제도 조금이나마 완화하려면 합리적인 기준에 따라 주식 보상을 나눠서 부여하는 것이 바람직하다.

일반적으로 주식 보상은 구성원의 장기근속을 유도하는 보상 수단이다. 그러나 한 번에 많은 수량을 부여하고 장기간의 권리확정기간vesting period을 설정할 경우 원치 않는 인력의 잔류로 이어질 수 있다. 조직과 구성원 서로가 서로를 더 이상 필요로 하지 않음에도 큰 보상이 걸려 있기 때문에 권리 행사만 바라보며 자리를 지키는 것이다. 일종의 악성 장기계약이 발생하는 셈이다. 당연히 악성 장기계약을 중간에 해지하는 데는 많은 비용이 발생한다. 이를 막기 위해서라도 주식 보상을 나눠서 부여하되 나눈 만큼 권리확정기간을 단축시키는 것도 하나의 방법이 될 수 있다.

마지막으로 주식 보상을 활용할 때 주의해야 할 점이 하나 있다. 주식 보상에 대해 명확한 가치를 확언하면 안 된다. 상장 주식의 가격도 변동적인데 비상장 주식의 가치는 말할 것도 없다. 가장 최근에 이루어진 투자를 바탕으로 보상의 가치를 확정하는 경우도 있는데 투자 단계가 올라간다고 해서 회사의 가치가 마냥 상승하는 것도 아니다. 관련된 정보를 제공하고 후보자나 구성원이 직접 해당 보상의 가치를 판단할 수 있게끔 해야 한다. 만약 그러지 않고 회사가 보상의 가치를 확답하면 회사 상황이 여의찮아졌을 때 구성원에게 원망 섞인 소리를 듣거나 조직 유지에 어려움을 겪을 수 있다.

4. 복리후생

복리후생 제도를 운영함에 있어 가장 명심해야 할 점은 무조건 심플해야 한다는 것이다. 일단 복리후생 제도가 복잡하면 비용 대비 효과성은 떨어진다. 복리후생 제도가 복잡해지면 자잘한 항목들이 많아질 수밖에 없는데, 항목이 많아지면 회사가 지불해야 하는 비용이 증가하는 데 반해 구성원에게는 티가 나지 않는 경우가 많다. 게다가 복리후생 제도의 복잡성과 반비례하여 구성원 편의성은 떨어지기 쉽다. 다시 말해 회사에서 돈은 돈대로 쓰고 불편하다는 불만은 불만대로 듣는 상황이 벌어지는 것이다.

더욱이 보상 제도의 존재는 비가역적이다. 한번 만들면 없애기 어렵다. 기성기업에서 흔히 발생하는 일인데 특정 임원의 요구에 의해 또는 외부의 유행에 따라 복리후생 제도가 덕지덕지 추가되기도 한다. 찾아보지 않으면 존재조차 몰랐던 복지가 운영되는 경우도 많다. 훗날 복잡한 복리후생 제도를 정리하려 들 때 수혜자가 비교적 적은 제도라도 간단하게 종료할 수 없다. 누군가는 해당 제도의 혜택을 받고 있고 구성원 입장에서는 불이익 변경이기 때문이다.

복리후생 제도를 간단히 유지하기 위한 방법으로 금전적 복지는 가급적 지양하고 그만큼의 현금 보상을 늘리는 방안이 있다. 장점은 명확하다. 운영이 쉽고 구성원이 느끼기에도 보상의 가시성이 높다. 물론 통상임금을 낮추기 위해 수당이나 복리후생을 통한 간접 지원을 택하는 경우도 있지만 제도가 복잡하게 운영되는 만큼 누군가의 수고로움은 증가한다.

이에 더해 증빙이나 신청을 필요로 하는 복리후생 제도는 피해야한다. 지극히 개인적인 경조사 지원을 제외한다면 누구나 쉽고 편하게 혜택을 누릴 수 있는 보편적인 복리후생 제도를 활용하는 것이 좋다. 증빙이나 신청을 필요로 하면 구성원 입장에서도 증빙과 신청에 시간과 노력을 쏟아야 한다. 반대 측면에서는 증빙이 제대로 이루어졌는지 검토해야 한다. 복지를 소비하기 위해 많은 사람이 서로의 소중한 시간을 낭비하는 셈이다.

마지막으로 수평적으로 일하는 조직을 만들고 싶다면 특정 대상이나 계층을 위한 복리후생은 만들지 않아야 한다. 특정 계층을 위한 복리후생이나 혜택이 만들어지는 순간 그 조직에는 보이지 않는 직급 단계가 생기는 것이다. 당연히 개인의 역량에 따라 현금 보상은 달라질 수 있다. 그러나 제공되는 혜택의 종류가 차별화되는 것은 다른 문제다. 쉽게 이해가 되지 않는다면 같은 조직의 구성원임에도 먹고 마시는 것에 차별이 존재한다고 생각하면 된다.

이외에도 다양한 형태의 보상이 있을 수 있다. 장기근속휴가처럼 근속에 대한 보상이 주어질 수 있고 조직문화를 수호하는 구성원에게는 인정과 감사의 표시로 회사 굿즈와 같은 자그마한 선물을 제공할 수도 있다. 명심해야 할 것은 새로운 보상 제도가 생기면 그에 따라 새로운 보상 기준도 만들어져야 한다는 것이다. 동일한 기준

으로 서로 다른 형태의 보상을 제공하는 것은 보상 제도의 목적과
취지를 망가뜨릴 뿐이다.

역량 중심의
평가에 대하여

호수비 코스프레
부족한 능력으로 인해 평범한 상황도 호수비처럼 보이게 하는 수비

vs.

라면 수비
뛰어난 능력으로 어려운 상황도 대충 하는 것처럼 보이게 하는 수비

제3자 입장에서 본다면 동일한 상황일지라도 평범한 수비보다는 극적인 다이빙 캐치 쪽이 보는 맛이 있다. 그러나 팀을 이끄는 코치진이나 응원하는 팬의 입장에서는 재미가 덜하더라도 안정적인 수비를 원한다. 다시 말해 좋은 수비란 쉬운 것을 어렵게 하는 것이 아니라 어려운 것을 쉽게 하는 것이다.

스타트업 정신을 상징하는 몇 가지 단어들이 있다. 스타트업에서는 구성원의 역량을 판단하는 데 있어 그릿GRIT이나 허슬hustle을 주요하게 보는 경우가 많다. 목표한 바를 열망하고 어떤 어려움이 닥치더라

도 포기하지 않고 목표 달성을 위해 노력하는 모습을 보여주길 바란다는 것이다. 물론 실패를 먹고 자라는 스타트업에서 어려움에 굴하지 않고 끊임없이 도전하는 자세는 필요하다. 다만 목표한 바를 수행하는 과정에서 만나는 어려움이 누구나 만나는 어려움인지 아니면 개인의 역량 부족으로 발생하는 개인적인 어려움인지 구별할 필요가 있다.

스타트업이 해결하고자 하는 어려움은 기존에 없던 문제인 경우도 있고 구성원이 젊기 때문에 비슷한 문제를 겪어보지 못한 경우도 있다. 그렇다 보니 스타트업 내부에서는 업무 자체 난이도를 판단하기 어려운 경우가 많고 업무에 대한 객관적인 평가보다는 업무 과정의 처절함을 평가의 기준으로 삼는 경우가 있다. 조직을 위해 처절함을 보여주는 이들을 인정하는 것도 일종의 프로파간다propaganda가 될 수는 있으나 그것이 과연 뛰어난 직무 전문가를 잔류하도록 만드는 데 얼마나 도움이 될지는 고민해봐야 한다.

조직이 성장하기 시작하면 기존에는 채용하기 어려웠던 고역량의 경력자들도 조직에 들어온다. 이들은 이미 유사한 문제들을 경험해봤기 때문에 주어진 업무를 비교적 손쉽게 해결해간다. 기존 구성원보다 회사에 머무르는 시간도 적어 언뜻 보기에는 일을 대충 하는 것으로 보일 수 있다. 이런 상황에서 기존 구성원들은 새로 온 경력자에게 소위 조직문화적 챌린징을 시작한다. 왜 OO님은 조직에 몰입하지 않느냐는 둥, OO님은 그릿이 부족하다는 둥의 피드백을 하면서 말이다. 이것이 심한 경우 새로 온 경력자는 짧은 근속을 뒤로 한 채 쫓겨

나듯 다른 곳으로 둥지를 옮긴다. 대부분의 문제는 이들이 떠나고 나서 발생한다. 든 자리는 몰라도 난 자리는 안다는 말이 있듯 보기에는 쉬워 보이는 일도 막상 해보면 어렵기 때문이다. 뒤늦게 후회하며 떠나간 이와 비슷한 역량을 가진 사람을 모셔오려고 해도 좋은 인연은 매번 찾아오지 않는다.

누군가의 역량에 대한 평가가 온전히 이루어지기 위해서는 해당 직무 전문가가 평가하거나 하다 못해 평가 대상자보다 평가자의 직무 경험이 더 많아야 한다. 일부 스타트업에서는 직무 경험도 없는 사람이 조직 구조상 상사라는 이유로 해당 직무의 업무 역량을 평가할 때가 더러 있다. 특히 이런 경우는 사업 영역보다 인사나 재무 심지어 법무와 같은 지원 직무의 영역에서 많이 발생한다. 아마도 누구나 숟가락 하나씩은 손쉽게 얹을 수 있는 영역이라 착각하기 때문이라고 생각한다.

호수비 코스프레를 하든 라면 수비를 하든 똑같이 원아웃이다. 호수비 코스프레를 한다고 해서 아웃 카운트를 늘려주거나 예술 점수를 추가로 부여하진 않는다. 역량 중심의 평가란 문제 해결 능력이 얼마나 뛰어난지 그 자체로 평가하라는 의미다. 똑같은 문제를 해결하는 데 있어 몇 시간 만에 간단한 해결책을 마련하는 사람과 며칠간 야근 끝에 해결책을 내놓는 사람 중 조직이 인정해야 하는 사람은 너무나 당연하게도 전자여야만 한다.

진짜 일을 잘하는 사람들은 대충 하는 것처럼 보여도 어려운 문제를 쉽게 해결하는 사람이다.

7

채용

**스타트업에서도
적정인력을 관리할 수 있을까?**

규모보다 구성의 적정성을 우선하라.
양보다 질이다.

120g에서부터 200g까지 도대체 삼겹살 1인분의 정량은 얼마일까? 일단 어떤 조합이든 간에 삼겹살을 1인당 1인분씩 먹고 만족했던 적은 없었던 것 같다. 아무리 장사가 주인장 마음대로라고 해도 삼겹살 1인분에 대한 최소한의 사회적 합의가 이루어졌으면 하는 바람이다. 이렇듯 삼겹살 1인분 무게를 정하는 것도 어려운데 회사에서 1인분을 규정하는 것은 더 어려운 일이다.

기성기업은 적절한 수준의 인력 규모를 유지하려 노력한다. 인력이 부족하면 목표한 매출이나 시장 점유율을 달성하지 못할 것이고, 인력이 과하면 인건비 지출이 늘어나 영업이익에 악영향을 주게 된다. 현 상황에서 조직 규모의 확장은 상대적으로 쉬우나 축소는 어렵기 때문에 적정인력을 예측하고 그에 따라 인력 계획을 운영하려 한다.

적정인력을 예측하는 방법론은 거시적인 방법과 미시적인 방법으로 나눌 수 있다. 거시적인 방법은 과거 추세를 활용하는 방식이다. 만약 매출 목표가 있다면 과거 매출 실적과 인원수 데이터를 바탕으로 매출 목표를 달성하기 위한 적정인력을 예측하는 것이다. 이와 유사한 방법으로 동종업계 사례를 참고하는 경우도 있다. 동종업계의 매출 대비 인건비를 참고해서 매출 목표에 따른 적정인력을 도출하는 방식이다.

미시적 적정인력 산정은 단위 조직의 업무조사를 통해 단위 조직

별 필요 인력을 구하고 그 합으로 전체 조직의 적정인력을 도출하는 방식이다. 자세히 설명하면 단위 조직이 연간 업무를 수행하는 데 필요한 총 업무 투입 시간을 산정하고 그것을 1인 기준 연간 표준 근로 시간으로 나눠 해당 조직에 필요한 인원을 파악하는 방식이다.

그런데 적정인력 예측은 부정확할 수밖에 없다. 개별 방법론의 한계는 차치하고서라도 일단 경영 환경 자체가 미래를 예측하기 어려운 상황이 되었다. 과거 추세대로 현재와 미래가 펼쳐지지 않는다. 연중에도 시장 변화에 따라 조직의 전략이나 구조가 변하기 마련이고 그렇게 되면 당연히 인력 계획 역시 틀어진다. 물론 기성기업에서는 어떠한 계획이나 기준 없이 조직을 운영할 수는 없으니 마냥 불필요한 일이라 말하기도 어렵다.

인력에 대한 스타트업의 고민은 그 결이 조금 다르다. 스타트업의 가장 큰 문제는 언제나 사람이 부족하다는 것이다. 해야 하는 일 대비 인력이 부족해서 항상 자원 배분의 우선순위를 고민해야 한다. 그러다 보니 적정인력에 대한 필요성은 덜할 수밖에 없다.

이에 더해 스타트업은 업무나 인력의 특성도 기성기업과 달라 미시적인 접근 역시 어렵다. 스타트업의 업무는 일상적이고 반복적인 것이 아니라 새로운 문제를 해결해야 하는 경우가 많다. 문제 해결에 얼마나 많은 시간이 소요될지 예측 불가능하다. 직무 전문가의 역량 수준 또한 천차만별이어서 1인이 담당할 수 있는 업무량도 단정 짓기 어렵다. 게다가 긴밀한 협업을 통해 업무가 진행되므로 직무 단위의 구체적인 공수를 계산하기도 쉽지 않다.

그렇다고 스타트업이 인력에 대한 고민에서 자유로운 것은 아니다. 인력이 부족한 만큼 부족한 자원 내에서 업무 효율성을 높여야 한다. 업무 효율성을 관리하라고 해서 인적자본투자수익률human capital return of investment(HCROI)이라든지 인당 매출액을 관리하라는 의미가 아니다. 일의 우선순위를 보다 명확히 하고 쓸데없는 규정이나 절차에 시간과 자원을 낭비해서는 안 된다. 불필요한 공회전 업무를 줄여야 한다는 것이다.

스타트업은 인력 규모에 대한 적정성보다는 인력 구성에 대한 적정성을 봐야 한다. 제품조직과 지원조직의 비율도 유지해야 하고 목적조직을 구성하는 직무의 비율도 맞아야 한다. 제품조직만 커지면 지원 기능의 부족으로 제품조직의 속도가 더디어지고 지원조직만 커지면 필요 이상의 비용이 지불된다. 또한 목적조직을 구성하는 직무 간에도 구성 비율이 맞아야 최대한 효과적으로 목적조직을 운영할 수 있다.

마지막으로 기화가거奇貨可居, 뛰어난 직무 전문가는 재원이 허락하는 이상 쟁여두는 것이 좋다. 시장에서 뛰어난 기획자나 개발자는 구하기 쉽지 않다. 인력 구성에 심각한 불균형을 초래하지 않는 이상 제품조직 직무 전문가는 우선 채용하고, 자원 배분에 대한 고민은 나중에 해도 늦지 않다. 앞서도 얘기했듯이 스타트업의 가장 큰 고민은 해야 할 일은 많은데 사람이 부족한 것이니 말이다.

과거에는 인력 규모를 통해 사업의 크기를 어느 정도 가늠할 수 있었다. 그러나 시대가 바뀌었다. 최근 등장한 유니콘 기업들은 한 사람이 열 사람의 성과를 능히 낼 수 있는 10X(텐엑스) 인재들로 꾸려지고 있다. 전쟁은 일어나서는 안 될 일이지만 현대전에서 머릿수의 중요성은 과거에 비해 현저히 떨어진다. 경쟁은 쪽수로 하는 게 아니란 말이다.

LEAN HR

스타트업에서
효과적인 채용 전략은 무엇일까?

감당할 수 있는 수준에서 최고의 플레이어를 고를 것.
당장 주전급 역량을 발휘해야 하므로.

"싼 게 비지떡"

비싸다고 좋은 것은 아니지만 싼 것치고 좋은 건 없다. 간혹 있는 싸고 좋은 것도 공급 대비 수요가 많아지면 시장에서의 가격 역시 자연스레 상승한다. 최근 구인구직 시장도 마찬가지다. 현재 연봉이 높다고 해서 뛰어난 역량을 지닌 것은 아니지만 시장 수요가 많은 직무의 경우 이직을 통해 역량 수준에 맞는 몸값을 얻을 수 있다.

스타트업 채용 전략은 간단하다. 채용 기준의 눈높이를 최대한 높게 가져가야 한다. 이것을 현실적인 방식으로 표현하면 과보상이 아닌 선에서 지불할 수 있는 재정적 조건 아래 역량이 제일 뛰어난 사람을 채용해야 한다는 것이다. 여기서 말하는 과보상은 역량을 감안해서 판단할 수 있는 것이지, 절대적인 금액 자체를 의미하는 것은 아니다. 역량과 보상이 비례한다 가정하면 돈값을 한다는 전제하에 가장 비싼 사람을 채용하라는 정도로 바꿔 말할 수 있다.

가장 비싼 것을 구입하는 것이 가장 싸게 먹히는 이유는 스타트업 업무 특성에서 기인한다. 스타트업의 인력 활용은 출전 멤버가 제한되어 있는 운동 경기와 비슷하다. 스타트업에서 활용하는 목적조직의 경우 일반적으로 직무별로 한 명의 직무 전문가가 배치된다. 배치할 수 있는 인원수가 제한적인 상황이라면 무조건 가장 뛰어난 사람을 채용해야 한다. 앞서 보상에서 언급했듯이 직무 전문가의 단위 시간당 업무 효율이 높을수록 조직의 속도는 빨라진다.

게다가 스타트업에서 중요한 것은 인력의 양적 규모가 아니라 질적인 인재밀도다. 직전 글에서 다뤘듯 스타트업의 업무는 일상적이고 반복적인 것이 아니라 새로운 문제를 해결해야 하는 경우가 더 많다. 이런 업무 환경에서는 평범한 직무자 서너 명보다 탁월한 역량의 직무 전문가 한 명을 채용하는 것이 더 바람직하다.

지불 가능한 범위에서 가장 좋은 사람을 채용하는 방식은 조직의 인재밀도를 높이는 데 도움이 된다. 보통의 경우 스타트업이 성장함에 따라 조직의 살림살이 역시 나아진다. 지불할 수 있는 여력이 증가했을 때 그 범위 내에서 가장 좋은 사람을 채용하면 자연스레 기존 구성원보다 더 뛰어난 사람을 채용할 수 있다. 기존 구성원보다 뛰어난 사람을 채용하면 조직의 인재밀도 역시 높아진다.

또한 가장 뛰어나고 비싼 사람을 채용하는 것은 상대적인 보상질서를 유지하는 데도 도움이 된다. 막 성장하기 시작한 스타트업에서 겪는 흔한 보상 문제 중 하나가 개국공신에게 필요 이상의 과보상이 주어지는 경우다. 개국공신이라고 해서 역량 이상의 역할이나 보상이 주어지면 조직의 장기적 성장에 해가 된다. 만약 나아지는 살림살이에 비례해서 성장 단계에 따라 더 뛰어난 사람을 채용할 수 있다면 그 자체가 새로운 역량 대비 보상의 기준점으로 활용될 수 있다. 참고할 수 있는 시장의 최신 보상 정보가 생기는 셈이니 기존 구성원의 과보상을 방지할 수 있는 것이다.

반대로 채용이 급하다고 해서 기존 보상질서를 무너뜨리는 과보상은 절대 해서는 안 된다. 최악의 경우 퇴사의 악순환과 조직 역량의 지속적인 하락으로 이어질 수 있다. 저역량에 대한 과보상이 이루어지면 보상질서가 파괴되고 이에 불만족을 느낀 구성원의 퇴사가 발생할 수 있다. 보통 퇴사는 이직이 쉬운 고역량, 고연차부터 발생하는데 이는 조직 입장에서 심대한 타격이 된다. 고역량, 고연차의 구직자를 채용하기 힘든 상황에서 사업적 요구에 의해 급하게 찾다 보면 기존 구성원보다 역량과 연차가 떨어지는 구직자를 채용하게 되고 이로 인해 조직 역량은 하락한다. 이러한 과정을 몇 번 거치다 보면 소위 시니어는 없고 주니어로만 운영되는 스타트업이 만들어지는 것이다.

제조업 영역에서 사업을 하지 않는 이상 스타트업에 있어 인력은 경쟁력을 의미한다. 간혹 인건비에 대한 부담으로 인해 채용에서 가성비를 추구하는 경우가 있다. 모든 조건을 맞춰주고도 실패하는 것이 채용이다. 가성비 생각에 이것저것 재다가 좋은 인력을 눈앞에서 놓쳐버릴 수 있다. 물론 어쩌다 정말 가성비 좋은 인력을 채용할 수도 있다. 그러나 진짜 저평가되어 있던 인력이라면 빠른 시일 내에 다른 곳에서 제값을 치르고 모셔갈 확률이 매우 높다.

역량 대비 과도한 보상을 지양해야 하지 연봉 액수만 두고 아까워해서는 안 된다. 연봉 총액은 1년을 일해야 지급되는 돈이다. 스타트업에서 1년은 매우 긴 시간이고 그 시간 동안 생존을 담보할 수 있다면 연봉은 그리 비싼 대가가 아니다. 스타트업에서 인건비는 비용이 아니라 투자 비용이고 자산 가치임을 잊지 말아야 한다.

LEAN HR

Q

스타트업은
어떻게 채용 브랜딩을 해야 할까?

집토끼가 행복하면 산토끼도 궁금하다.
산보다 더 좋은 집은 어떻게 생겼는지.

어떤 회사의 채용 인터뷰에 임했을 때의 일이다. 면접관은 자원 투자나 노력 없이 채용 브랜딩을 잘할 수 있는 방안을 답해보라고 주문했다. 정당한 대가 없이 저절로 이루어지는 일은 없다. 그래서 그런 방안은 없다고 답했고, 추가적으로 기존 구성원의 만족도를 높이거나 보상 경쟁력을 확보하는 대안을 말했다. 면접관은 자신이 원하던 대답이 아니었는지 그 이후로 인터뷰하는 자세가 꽤나 심드렁했고 결과는 당연히 불합격이었다. 재미있는 건 당시 면접관이 HR 직무가 아닌 다른 직무의 임원이었다는 것이다. 후보자에게 이런 채용 경험을 안겨주는 것이 채용 브랜딩 측면에서는 긍정적으로 작용할지는 딱히 모르겠다.

예나 지금이나 구직자가 회사를 선택하는 주요 기준 중 하나는 보상이다. 다만 과거와 달리 보상이 이직에 미치는 영향의 양상이 조금은 달라졌다. 과거에는 대기업 또는 동종업계의 더 큰 회사로 옮기는 과정에서 보상의 상승이 뒤따라왔다면, 최근에는 높은 보상을 채용 브랜딩 전면에 내세우는 기업이 늘고 있다. 일반 구성원에게도 높은 연봉을 제시하거나 사인온 보너스 또는 주식 보상의 지급을 공개적으로 약속하기도 한다. 이제는 개인의 직무 역량에 따라 기성기업보다 더 많은 보상을 제공하는 스타트업도 어렵지 않게 볼 수 있다.

높은 보상이 유효한 채용 브랜딩으로 이어질 수 있으나 모든 기업이 높은 보상을 감당할 수는 없는 노릇이다. 물론 구직자 역시 돈만으로 회사를 정하진 않는다. 보상 수준이 어느 정도 충족되면 개인은 자아실현을 위해 노력한다. 과거와 달리 일 그 자체에 의미를 부여하는 사람이 늘어나기 시작했다. 본인이 하고 싶었던 업무나 직무인지 혹은 조직의 미션이 자신에게 어떤 의미와 가치를 지니는지 따져보는 것이다.

세 번째 기준은 브랜드다. 한마디로 회사의 이름값인데 이는 두 가지 측면에서 바라볼 수 있다. 하나는 일종의 명예욕과 소속감이다. 조직과 구성원을 동일시하면 안 되지만 어떤 집단에 속해 있는지에 따라 대상에 대한 가치판단이 달라지는 경우가 있다. 소위 좋은 회사에 다닌다고 하면 역량에 대한 최소한의 검증이 이루어졌다 판단하고 이는 다음 이직 때 좋은 참고 사항으로 작용하기도 한다. 또 다른 측면은 안정성이다. 불미스러운 일로 뉴스 지면에 오르내리는 경우를 제외한다면 일반적으로 사람들에게 친숙하고 널리 알려진 기업일수록 고용 안정성이 높다.

네 번째 기준은 시간이다. 워라밸이라는 말로도 표현 가능한데 보상이 다소 적더라도 여유로운 삶을 추구하는 사람도 있다. 업무 양이 많은 스타트업 특성상 일반적인 경우라면 워라밸과 스타트업은 공존하기 어렵다. 그럼에도 불구하고 조직에 따라 4.5일제 혹은 32시간 근무와 같은 방식으로 업무 부담을 낮추고 채용 경쟁력을 높이려는 시도를 하고 있다.

마지막으로 앞의 네 가지보다 더 중요한 것이 있다. 바로 근무환경이다. 근무환경은 사무공간이나 사무기기와 같은 업무 지원의 영역부터 조직문화, 동료와의 관계 등을 모두 포괄하는 개념이다. 조사대상이나 방법에 따라 달라지겠지만 최근 설문조사에 따르면 직장인의 이직 사유 중 가장 큰 비중을 차지한 것이 근무환경이었다. 예전에는 어디에서 일하든 밥벌이는 똑같이 지겹고 같은 일이면 돈을 더 많이 받는 것이 중요했다. 그런데 최근에는 달라졌다. 같은 일을 해도 조금 더 좋은 환경에서 할 수 있다는 것을 모두들 깨닫게 된 것이다.

이직에 영향을 미치는 다섯 가지 요인 중 돈과 시간은 회사가 의도적으로 조정하고 채용 브랜딩에 활용할 수 있다. 무리를 하더라도 높은 보상을 제공하고 업무 시간 관리를 통해 개인에게 저녁이 있는 삶을 약속할 수 있다. 문제는 나머지 것들인데 일의 가치는 구직자 개인의 판단에 따라 달라질 것이고 회사 이름값은 사업 성공의 결과에 가깝다. 무엇보다 근무환경을 통한 채용 브랜딩이 어려운데 그 이유는 근무환경에 대한 가치판단의 주체가 내부 구성원이기 때문이다.

근무환경에 대한 평가는 내부 구성원에 의해 이루어지기 때문에 근무환경을 내부 구성원의 만족도로 대치해도 큰 무리는 없다. 그런데 내부 구성원의 만족도는 결괏값이다. 다시 말해 통제가 불가능한 변수다. 한편 구직자 입장에서는 정제되고 취사선택된 정보보다 있는 그대로의 정보를 얻기 원한다. 예전보다 구인구직 시장이 활발하긴 하지만 개인 입장에서 이직은 여전히 신중하게 결정할 수밖에 없는 일이기 때문이다.

과거와 달리 정보의 공유가 너무나도 쉬운 시대가 되었다. 세상이 좁아 몇 다리만 건너도 알음알음 원하는 사람에게 닿을 수 있고 원하는 정보도 파악할 수 있다. 이에 더해 다양한 직장인 커뮤니티가 활성화되어 있어 사내 정보와 더불어 타사 정보까지 쉽게 접할 수 있다. 채용 브랜딩이나 채용 바이럴을 통해 구직자들을 유인해봐야 내부 구성원의 평이 좋지 않다면 채용은 원하는 대로 이루어지지 않는다.

간혹 상부의 지시에 따라 HR 주도의 채용 바이럴을 시도하는 경우가 있다. 주로 직장인 커뮤니티에서 운영하는 회사 리뷰 점수를 조작하는 방식으로 이루어지는데 사람들이 거기에 속을 만큼 바보는 아니다. 의도와 목적이 다분한 바이럴은 그에 대한 반발과 정정이 뒤따르기 마련이고, 결국에는 먹지 않아도 될 욕까지 두 배로 먹고 끝나는 경우가 많다. 다시 한번 말하지만 요즘 같은 시대에는 비밀이 없음을 가정하고 의사결정을 내려야 한다.

내부 구성원의 만족도가 중요한 또 다른 이유는 스타트업에서 가장 효과적인 채용 루트가 내부 구성원을 통한 인재 추천이기 때문이다. 초기 스타트업의 경우 채용 시장에서 브랜딩이 약하기 때문에 원하는 사람을 채용하기 어렵다. 이런 상황에서 내부 구성원의 추천이 이루어진다면 확실한 후보자의 확보가 가능해진다. 실제로 인재 추천의 경우 직무 역량이나 문화적합성 측면에서 일반 후보자 대비 뛰어난 모습을 보인다. 그렇기 때문에 채용 성공률이 높고 합류 후에도 빠른 적응을 보인다. 그런데 내부 구성원을 통한 인재 추천이 아무리 효과적이라 하더라도 내부 구성원의 만족도가 낮다면 인재 추천 자체가 이뤄질 수 없다.

결국 채용 브랜딩에 가장 중요한 것은 내부 구성원의 만족도. 어떤 측면에서는 이직에 영향을 미치는 다섯 가지 요인 모두 내부 구성원의 만족도에 영향을 미친다. 사실 내부 구성원의 만족도가 높다면 애써 채용 브랜딩을 고민할 필요조차 없다. 내부 구성원이 앞장서서 회사를 홍보하고 주변 지인에게 회사를 추천하기 때문이다. 반대로 말하면 채용 브랜딩을 고민하는 것 자체가 내부 구성원의 만족도가 낮다는 반증일 뿐이다.

바이럴이든 브랜딩이든 목적성을 갖고 상대방에게 어떤 인식을 심어주는 행위는 맞다. 그러나 채용 브랜딩은 조직이 내세울 수 있는 장점 중 몇 가지를 통해 채용 효율을 강화하기 위함이지 상대방을 기만하고 속여 목적을 달성하기 위한 것이 아니다. 거짓 위에 세워진 채용 브랜딩은 금방 무너진다. 아니, 거짓에 기반한 채용 브랜딩은 구직자에게 더 철저히 외면받아야 하고 외면받아야 마땅하다.

Q

**높은 수준의
인재밀도를 유지하는 방법은 무엇일까?**

뛰어난 인재로 조직을 채워라.
그리고 떠나지 않도록 하라.

대부분의 구기 종목에 적용할 수 있는 승리 공식이 하나 있다. 보통 두 가지만 잘하면 승리할 수 있다고 하는데, 하나는 공격이고 다른 하나는 수비다. 높은 수준의 인재밀도를 유지하는 방법 역시 간단하다. 뛰어난 역량을 가진 사람을 채용하고, 뛰어난 역량을 가진 사람이 떠나지 않도록 잘 관리하는 것이다.

뛰어난 역량을 가진 사람을 채용하기 위해선 채용의 기준이 높아야 한다. 문장 그 자체는 너무나도 맞는 말인데 문제는 이것을 실제로 구현하기 어렵다는 것이다. 개발자라면 코딩 테스트와 같은 사전 과제를 통해 간접적으로 역량의 정량화를 할 수는 있지만 후보자 합격 여부는 면접관의 주관적인 판단에 의해 최종 결정된다.

역량에 대한 판단은 면접관에 의해 이루어지므로 역량이 뛰어난 사람을 채용하기 위해서는 결국 면접관의 역량이 뛰어나야 한다. 개인의 역량을 정량화 혹은 등급화하는 것이 적절치 않을 수 있으나 논의의 진행을 위해 역량이 뛰어난 S 플레이어부터 역량이 떨어지는 D 플레이어까지 5단계의 역량 등급이 있다 가정하자.

사람은 자신에게 관대하고 자신을 기준으로 평가하려는 경향이 있다. 다시 말해 면접관이 B 플레이어면 본인과 유사한 수준의 B 플레이어부터 합격권으로 검토한다는 것이다. 여기에 더해 본인 경험이나 역량에 대해선 비교적 자세하게 평가를 내릴 수 있는 반면 본인 역량보다 뛰어난 경험과 역량에 대해서는 정확한 평가를 내리기 어렵다. 면접관이 B 플레이어라면 C 플레이어와 D 플레이어를 구별할 수 있지만 S 플레이어와 A 플레이어의 명확한 구분을 내리긴 쉽지 않다.

그나마 면접관이 보통 수준의 B 플레이어라도 되면 다행이다. 만약 보통 이하의 C 플레이어가 면접관 역할을 한다면 S, A, B, C 플레이어 모두가 합격이 가능한 셈이다. 역량 분포가 정규분포를 따른다고 가정한다면 S~A 플레이어보다 B~C 플레이어가 차지하는 비율이 더 클 것이고 결국 조직은 보통 이하의 인재로 채워지게 된다.

이에 더해 앞서도 살짝 언급했지만 면접관의 역할을 수행하는 직책자는 본인보다 뛰어난 구성원의 채용을 꺼리는 경향이 있다. 순수한 마음으로 조직의 성공을 위할 수 있는 대장부는 그리 많지 않다. 결론적으로 역량에 대한 올바른 평가가 이루어지고 본능에 위배되지 않는 선에서 좋은 인재를 채용하려면 면접관의 역량이 뛰어나야 한다.

조직의 역량 수준을 제고하는 방법 중 다른 방안으로 평균 이하의 구성원에 대한 성과 관리를 생각해볼 수 있다. 쉽게 말해 평균 이하의 C 플레이어를 내보내는 방법이 존재한다. 조직을 B 플레이어 이상의 구성원들로 채우자는 것인데, 과도한 성과 관리가 이루어질 경우 조직의 평균 역량은 올라갈지 모르겠으나 조직의 안정성은 반대로 떨어질 수 있다.

극단적으로 A 플레이어 이상으로 조직을 구성하려는 스타트업이 있다고 가정하자. 이 조직에서 B 플레이어 이하는 무조건 퇴사가 이루어진다. 그런데 B 플레이어의 무조건적인 퇴출은 A 플레이어의 심리적 안정감에 영향을 미친다. 일반적으로 수준에 대한 평가는 상대적이다. A 플레이어 이상만 남은 집단이더라도 그중에 꼴찌는 존재한다는 소리다. 자신보다 역량이 부족한 사람들이 몽땅 퇴사할 경우 A 플레이어 중 꼴찌가 느끼는 감정은 자신에 대한 확신보다는 다음 퇴사는 자신이 될지도 모른다는 불안감이 더 클 것이다.

심리적 불안감이나 외부에서 주어지는 압박감은 도리어 개인의 역량 발휘에 부정적인 영향을 미친다. 원래는 A 플레이어였는데 B 플레이어처럼 일을 할 수 있다는 소리다. 만약 A 플레이어 중 꼴찌가 B 플레이어처럼 일을 한다고 해서 해당 구성원마저 퇴출시키면 그 압박감은 다음 사람에게 전가된다. 조직 차원에서 불필요한 긴장감만 높아지는 것이다.

A 플레이어를 추구하는 조직에서 B 플레이어의 이탈은 아쉬운 일이 아닐 수 있다. 그러나 조직 안정을 위해서라도 최소한의 B 플레이어는 필요하다. 다소 정 없이 들릴 수 있지만 모든 B 플레이어를 내보내는 것보다는 A 플레이어가 심리적 안정감을 느낄 수 있도록 최소한의 B 플레이어를 활용하는 것이 좋다. 누군가 심리적 압박감을 받아야 한다면 그 대상은 조직이 보호하고자 하는 구성원이 되어서는 안 된다.

그리고 B 플레이어라 하더라도 역량 수준에 맞는 보상을 제공하고 업무 영역을 제한한다면 보상 대비 A 플레이어에 준하는 성과를 기대해볼 수도 있다. 채용 과정에서는 최소 A 플레이어 이상의 구성원을 뽑으려 노력하되, 그 과정에서 발생하는 B 플레이어의 존재는 보상과 역할 조정을 통해 관리하는 것이 바람직하다. 역량이 뛰어난 구성원이 떠나는 것을 막기 위해선 그들이 심리적 안정감을 느낄 수 있는 환경을 만들어줘야 한다.

평균을 높이는 법은 간단하다. 평균보다 큰 수를 집단에 추가하고, 평균보다 작은 수는 집단에서 빼면 된다. 그런데 평균을 높이겠다고 평균보다 작은 수를 뺀다 한들 평균보다 작은 수는 계속 존재할 수밖에 없다. 글의 시작에서 뛰어난 역량의 인재를 채용하고 그들의 유지에 집중하라고 한 것도 유사한 맥락이다. 현재 노동 환경에서 권고 사직이나 해고가 자유롭지 않다는 것은 차치하고서라도 퇴출을 통한 조직 역량의 제고는 그 한계가 명확하고 조직에 불필요한 긴장감을 불러올 수 있다.

물론 조직 내의 무임승차자에 대한 관리는 분명 필요하다. 어떤 경우라도 조직문화와 분위기를 해치는 구성원과는 함께할 수 없다. 다만 그 목적이 조직의 인재밀도를 높이는 것이라면 평균 이하 구성원의 이탈보다는 평균 이상 구성원의 합류가 조직을 안정적으로 유지하는 데 보다 바람직하다는 것이다.

효과적인
채용 절차에 대하여

HR 직무의 대부분은 내부 고객을 향하고 있지만 채용 직무의 경우 내부 고객에 더해 외부 고객까지 고려해야 한다. 스타트업에서 채용은 항상 전시talent war 상황임을 고려한다면 내부 고객보다는 외부 고객에 초점을 맞춰 업무를 진행하게 된다. 결국 절차 관점에서 본다면 효과적인 채용은 외부 고객 입장에서 얼마나 편하고 빠르며 간소하게 진행되는지에 달려 있다. 물론 그런 과정에서 조직은 조직에 적합한 인재를 발굴해야만 하는 채용 그 자체의 효과성도 달성해야 한다.

채용 과정에서 후보자의 편의를 봐주는 것은 어렵지 않다. 별도의 이력서 양식을 요구하지 않고 후보자가 관리하고 있는 이력서로 지원 가능하게 하거나, 회사의 공식 채용 페이지에서 접수하지 않아도 후보자가 주로 사용하는 플랫폼에서 바로 지원 가능하게 하거나, 후보자가 원하면 일상적인 9 to 6 시간 외에도 인터뷰를 진행하는 등의 방법으로 말이다.

전형을 빠르게 진행하는 것도 좋은 후보자 경험을 만드는 데 중요하다. 일이 지난하게 늘어지면 후보자가 지칠 뿐 아니라 회사에 대한 인상도 나빠지기 마련이다. 채용에 진심인 조직에서는 적합한 후보자가 들어온다는 전제하에 이력서 인입부터 처우 협의까지 일주일 내에 끝내는 경우도 있다. 이러한 빠른 진행은 회사 입장에서도 효율적이다. 전형 단계에 머물러 있는 후보자가 많아질수록 운영에 많은 자원을 쏟아야 하기 때문이다.

가장 어려운 것은 채용 절차를 간소화하는 것이다. 앞서도 말했듯 조직은 조직에 적합한 인재를 뽑아야 하는 채용 자체의 효과성을 달성해야 한다. 채용 전형이 너무 간단하면 후보자에 대한 정확한 판단을 내리기 어렵고, 반대로 너무 복잡하면 후보자의 낮은 지원 또는 중도 이탈로 이어질 수 있다. 다시 말해 검증을 위한 허들을 높이는 것도 중요하지만 구직자의 심리적 허들을 낮추는 것도 필요하다.

검증의 효과성을 높이기 위해 면접 단계를 늘리거나, 각 단계별 면접 횟수를 늘리거나, 그도 아니면 면접관 수를 늘리는 방법을 활용하곤 한다. 물론 각각의 방법은 장단점을 지니고 있다. 그중 면접 단계를 늘리는 방법을 선택할 때는 신중해야 한다. 많은 스타트업에서 1차 직무 면접과 2차 문화적합성 면접으로 나누어 면접을 진행하는데 명확한 이유나 목적 없이 면접 단계를 추가하면 채용 절차가 느려지고 후보자를 불편하게만 할 뿐이다. 간혹 임원급에서 자신도 봐야 한다는 이유로 사전에 고지되지 않은 면접을 추가하는 경우가 있는데 후보자 입장에서 썩 유쾌한 경험은 아니다.

다른 방식으로는 한 번에 여러 명의 면접관이 참석하는 다대일 면접을 진행하거나 여러 명의 면접관과 일대일 면접을 복수로 진행하는 방법도 있다. 두 가지 방법 다 관찰자의 수를 늘려 합리적인 판단을 도모하기 위함이다. 다대일 면접의 경우 동일한 질문에 대한 답변일지라도 개별 면접관의 각기 다른 판단을 얻을 수 있다. 이를 통해 후보자에 대한 객관적인 평가를 내릴 수 있는 반면, 개별 면접관에 할당된 시간은 상대적으로 짧을 수밖에 없다. 간혹 면접관끼리 합이 좋지 않으면 꼭 해야만 하는 질문을 하지 못한 채 시간을 보내는 경우도 허다하다.

일대일 면접을 여러 번 반복할 경우 개별 면접관이 중요하게 여기는 요소를 중점적으로 검증할 수 있다는 장점이 있다. 그리고 개별 면접관의 심화된 시각을 통해 후보자 역량이나 태도를 다각도로 종합해볼 수도 있다. 반면 후보자의 관점에서는 면접 시간이 길어지고 공통적으로 받는 질문, 이를테면 자기 소개나 이직 사유 등을 여러 번 반복해서 말해야 하는 번거로움을 느낄 수 있다.

그렇다면 적절한 면접관 수와 면접 횟수가 정해져 있을까? 당연하게도 적절한 면접관 수와 적절한 면접 횟수는 개별 조직이 처한 상황에 따라 달라진다. 정답이 없다는 말로 글을 마무리하기에는 너무 허전하다. 채용 절차의 간소화 그 자체에 초점을 맞춰보자. 간소화 측면에서 면접관 수와 면접 횟수는 적으면 적을수록 좋은 것 아닐까? 질문을 바꿔보자. 면접관의 수와 면접 횟수를 최소화하기 위해서는 무엇이 필요할까?

결론부터 말하자면 채용 절차의 간소화는 면접관의 역량이 높고 해당 조직의 조직문화가 지향하는 바 혹은 핵심가치가 명확할 때 비로소 가능해진다. 우리 회사의 채용이 제대로 이루어지지 않는 이유는 단순히 채용을 담당하는 직원의 역량이 부족하거나 눈에 보이는 채용 절차가 잘못되어서는 아닐 수 있다.

면접관의 역량이 낮을수록 그 낮은 역량을 보완하기 위해 더 많은 면접관과 면접 횟수를 필요로 한다. 뿐만 아니라 면접관의 낮은 역량은 다음 채용 전형 단계까지 그 여파를 미친다. 합격에 대한 기준이 낮거나 올바르지 않은 경우 다음 전형 단계로 진행되는 후보자의 수가 늘어나기 때문이다. 그렇게 되면 2차 면접에도 과부하가 걸리고 2차 면접을 담당하는 면접관의 수가 부족해진다. 그러다 보면 역량이 떨어지는 면접관들도 2차 면접에 투입되는데, 면접관의 역량이 떨어지면 2차 면접에서도 다수의 면접관이나 면접 횟수가 필요해진다. 악순환이 발생하는 셈이다.

이상적인 그림을 그리자면 소수의 직무 전문가들이 서류 전형부터 높은 기준을 설정하여 채용을 진행해야 한다. 그래야만 서로 불필요한 시간 낭비를 줄일 수 있다. 채용의 중요성을 감안할 때 채용에 투자하는 시간을 줄이라는 것이 이상하게 들릴 수 있겠지만 직무 전문가의 본질은 채용이 아니라 본인의 직무에서 전문성을 발휘하는 것이다. 이는 1차 면접에서도 마찬가지다. 높은 기준에 의거하여 후보자의 합격 여부를 판단해야 불필요한 2차 면접을 줄일 수 있다.

흔히 문화적합성 면접이라 불리는 2차 면접은 면접관의 역량도 중요하지만 조직이 지향하는 가치가 명확해야 한다. 1차로 진행되는 직무 면접의 경우 면접관의 직무 역량이 충분하다면 후보자의 직무 역량을 어느 정도 정량적으로 평가할 수 있다. 반면 2차로 진행되는 문화적합성 면접은 후보자의 성향을 정성적으로 평가해야 한다. 만약 조직이 추구하는 가치가 명확하지 않다면 2차 면접관의 역량이 아무리 뛰어나다고 한들 명확한 판단을 내릴 수 없다. 판단을 내리기가 어렵다면 우리는 또 불완전한 집단지성에 기댈 수밖에 없다. 채용이 불필요하게 복잡해지는 것이다.

마지막으로 채용 간소화를 위한 꿀팁을 하나 알려주겠다. 긴가민가할 때는 불합격이 맞다.

LEAN HR

8

HR 운영

Q

스타트업에서
HR은 언제부터 필요할까?

HR은 빠를수록 좋다.
조직 부채가 쌓이면 수습하기 바쁘다.

초기 스타트업에서 창업자의 영향력은 절대적이다. 사업적 결정 같은 큰 부분부터 사무실 환경 관리 같은 작은 부분까지 조직 운영 전반에 관여한다. 물론 조직이 커짐에 따라 물리적 한계로 인해 자신의 업무 중 일부를 대신할 동료나 외부 업체의 도움을 받게 된다. 우선순위에서 밀리거나 다른 이의 도움을 받는 것이 보다 효율적인 경우 업무의 이관이 이루어진다. 결국 조직 상황에 더불어 창업자 역량에 따라 HR 직무자의 필요 시점이 상이한 것이다.

창업자를 비롯한 구성원의 역량이 뛰어나고 사업 모델이 적합하면 별도의 HR 직무 전문가 없이 100명 혹은 150명 조직까지 성장하는 경우도 있다. 물론 과거 사례가 있다고 해서 그런 행운이 모든 창업자에게 적용되리라는 보장은 없고 그런 사례가 꼭 좋은 것만도 아니다. 소년등과일불행少年登科一不幸이라고 인사적 부침이나 고민 없이 성장한 조직은 그 대가를 나중에 치르게 된다. 실제 HR 직무 전문가 없이 150명까지 성장했던 한 조직은 어느덧 1000명이 넘어가는 조직이 되었지만 해당 조직의 HR 기능은 바람 잘 날이 없는 것으로 알고 있다.

한편으론 질문 혹은 질문에 대한 해석이 잘못되었다는 생각이 든다. 스타트업은 일을 위해 모인 곳이고 규모가 작아도 엄연한 회사다. 회사가 돌아가려면 누군가는 HR 업무를 담당해야 한다. 하다못해 매달 월급은 제때 지급돼야 하니 말이다. 중요한 것은 HR 직무자의 유무가 아니다. 질문을 명료하게 바꿔보자. 스타트업은 언제부터 HR에 대해 진지하게 고민해야 할까?

HR에 대한 고민은 아무리 늦어도 법인 설립 시점부터는 이루어져야 한다. 그렇다고 해서 직원이 10명도 채 되지 않는 상황에서 1000명 조직의 HR 운영 방식을 미리 고민하라는 것은 아니다. 우리 조직이 어떤 방식으로 혹은 어떤 기준에 따라 일하기 바라는지, 어떤 동료들과 미래를 함께하기 바라는지 그 방향성이 명확해야 한다는 것이다.

성장 단계에 따라 HR이 마주하는 문제의 양상이 달라지기에 조직 규모에 따라 HR 역할 또한 크게 달라져야 하는 것처럼 생각할 수 있다. 앞서 언급했지만 조직의 HR 제도는 조직의 가치체계와 일하는 방식에 가장 큰 영향을 받는다. 다시 말해 전제가 되는 조직의 가치체계와 일하는 방식이 명확하면 회사가 성장한다고 한들 HR 제도의 목적이나 지향점이 크게 달라지지 않는다.

제대로 만들어두면 오래 쓸 수 있으니 조직의 가치체계와 일하는 방식을 비롯한 HR의 방향성에 대한 고민은 빠르면 빠를수록 좋다. 물론 조직의 가치체계와 일하는 방식도 조직이 성장함에 따라 조금씩 변화해야 하는 것은 맞다. 다만 여기에서 말하는 변화는 점진적인 개선을 의미하는 것이지 성장 단계에 따라 특정한 조직의 가치체계나 일하는 방식이 활용된다는 의미가 아니다.

스타트업 초기 단계부터 HR에 대한 고민이 필요한 또 다른 이유는 HR이 사고를 치더라도 수습 가능한 사고를 치기 위해서다. 제품이 고도화되는 과정에서 기술 부채가 뒤따르는 것처럼 조직이 성장함에 따라 불가피하게 감내해야 할 HR 부채들도 존재한다. 기술 부채를 해소하기 위한 코드의 리팩터링도 쉬운 일은 아니지만 조직에 쌓여 있는 HR 부채들을 치우는 일은 훨씬 더 어려운 일이라는 점을 명심해야 한다.

예를 들어 채용의 시급성으로 인해 일부 인원에게 과보상하는 경우가 있다. 역량에 따른 보상질서가 지켜져야 하는데 보상의 상대적 관점에서 HR 부채가 발생한 경우다. 어긋난 보상질서를 바로잡는 데 비용이 들겠지만 이는 비교적 해결하기 쉬운 HR 부채다. 반복될 경우 보상 제도 운영에 어려움을 겪겠지만 과보상의 정도가 과하지 않은 이상 한두 번 정도는 감당할 수 있을 정도다.

또 다른 예로 조직문화나 일하는 방식이 불명확한 상황에서 문화적 합성에 대한 별다른 고민 없이 채용을 진행하는 경우다. 조직문화나 일하는 방식의 정립이 후행하는 경우 조직이 원하는 방향으로 조직문화나 일하는 방식이 정립되기 어렵다. 조직이 원하는 방향과 기존 구성원 간의 괴리가 존재할 수 있고 반대로 기존 구성원에 의해 굳어진 조직문화나 일하는 방식이 조직의 변화를 가로막을 수도 있다. HR 방향성 부재로 인한 HR 부채는 대개 해결하는 데 긴 시간과 자원이 소모된다.

조직을 운영하다 보면 조직 성장을 위해 HR 부채를 감내해야 하는 경우가 분명히 발생한다. 만약 HR의 명확한 방향성이나 기준이 없다면 이것이 수습 가능한 부채인지 아닌지를 판단하기 어렵다. 그런 상황에서 보수적인 결정은 조직의 성장을 더디게 하고 반대로 과감한 결정은 조직을 위태롭게 하기도 한다. HR 부채를 최소화하기 위해서라도 HR 방향성이 반드시 사전에 정립되어 있어야 한다.

간혹 HR 직무 전문가에게 모든 것을 위임하고 관심을 닫는 창업자가 있다. 이건 권한의 위임이 아니라 무책임한 것이다. 창업자가 설계사라면 HR 직무 전문가는 시공사다. 설계도가 존재한다면 시공 과정에서 약간의 설계 변경은 있을 수 있어도 설계도와 전혀 다른 결과물이 나오진 않는다. 혹여 중간에 시공사가 바뀌는 경우에도 최초 설계의 맥락은 유지된다. 반면 설계도가 명확하지 않으면 시공사가 바뀔 때마다 새로 설계해야 하고 잦은 설계 변경은 건물 안전성에 심대한 타격을 줄 수 있다.

일반적인 상황이라면 창업자보다 오래 다니는 직원은 흔치 않다. 창업자에게 HR 고민이 필요한 이유는 HR 직무 전문가가 바뀌더라도 일관적인 조직 운영의 방향성을 가져가기 위함이다. 운이 좋아 창업자가 HR에 별 관심이 없더라도 좋은 역량을 가진 HR 직무 전문가가 조직에 애정을 갖고 장기간 머물러주면 조직이 잘 굴러갈 수 있다. 그러나 그렇지 않은 상황이라면 HR 직무 전문가가 바뀔 때마다 조직의 혼란은 더 커진다.

세 살 버릇이 여든까지 간다는 말이 있다. 잘못 들인 버릇, 습관 하나 바꾸는 것도 쉽지 않은데 수십에서 수백 명이 모인 조직을 바꾸는 것은 여간 어려운 일이 아니다. 조직의 가치체계와 일하는 방식이 정립되어 있지 않다면 혹은 HR 제도가 조직의 가치체계나 일하는 방식과 정렬되어 있지 않다면 조직의 성장은 빠르게 한계를 맞이할 수 있다. HR에 대한 고민은 창업을 결심한 그 순간부터 시작해야 한다.

스타트업이 성장하면
HR은 어떻게 변해야 할까?

아이에서 청년으로, 청년에서 성인이 됐다.
기대역할이 달라진 만큼 조력자의 역할도 바뀌어야 할 때다.

한국에서도 유니콘(기업가치 10억 달러 이상 비상장 스타트업) 기업이 속속 등장하고 있다. 그러나 대다수 유니콘 기업들은 그들이 유니콘 기업에 그치지 않고 데카콘(기업가치 100억 달러 이상 비상장 스타트업) 혹은 헥토콘(기업가치 1000억 달러 이상 비상장 스타트업) 기업이 되기를 희망할 것이다. 데카콘을 바라보는 스타트업에 도움이 될 만한 HR 조언은 그리 많지 않다. 일단 데카콘에 도달한 사례가 드물 뿐 아니라 유니콘 기업이 되었다면 HR 철학이나 방향성이 존재할 것이기 때문이다. 다만 성장 과정에서 겪을 수 있는 몇 가지 고민에 대해 미리 언질해줄 수도 있을 것 같다.

스타트업은 항상 일이 많다. 그래서 일의 우선순위에 따라 중요하고 급한 업무를 먼저 처리하고 상대적으로 덜 중요하거나 시급성이 떨어지는 일은 백로그에 쌓아둔다. 일이 많으면 사람을 더 채용하면 되는 것 아니냐 생각할 수 있다. 하지만 채용이 마음먹은 대로 이루어지는 것도 아니고 인건비에 대한 부담도 있다. 게다가 인력 규모는 늘리기 쉬워도 줄이기는 어려우니 신중하게 접근하는 것이 당연하다.

만약 자본이 충분하고 채용도 용이하며 사업에 대한 확신이 있는 상황이라면 원하는 대로 인력 규모를 늘려도 된다. 다만 어느 정도의 속도로 인력 규모를 늘려갈 것인지에 대한 의사결정은 필요하다. 우선 이전과 유사한 속도로 채용을 진행하는 방안이 있다. 이에 대한 장점은 명확하다. 인재밀도를 높게 유지할 수 있고 조직문화나 일하는 방식 또한 균일하게 다듬어갈 수 있다. 단점 또한 명확하다. 물 들어올 때 노를 젓지 않으면 성장이 둔화될 수 있고 물은 들어오는데 노를 저을 사람이 적으면 기존 구성원에게 과부하가 걸릴 수 있다.

반대로 인력 규모를 빠른 속도로 늘린다면 앞의 장단점이 뒤바뀐다. 인력이 늘어나는 만큼 사업 성장을 도모할 수 있고 일할 사람이 늘어나면 개개인에게 돌아가는 업무 부담이 줄어들어 지속 가능한 성장을 이룰 수 있다. 반면 인력 규모의 확장이 빠른 속도로 이루어지면 채용 기준은 다소 낮아질 수밖에 없고 자연스레 인재밀도 역시 희석된다. 사실 이보다 더 큰 문제는 조직문화적 측면이다. 인원 수가 급격히 증가하면 조직문화를 원하는 수준으로 유지하는 데 어려움을 겪을 수 있다.

채용 속도가 그리 빠르지 않을 때는 신규 입사자가 조직문화에 동화될 수 있는 환경적, 시간적 여유를 가질 수 있다. 조직문화의 농도가 짙은 기존 구성원 사이에서 조직이 일하는 방식과 추구하는 가치를 습득하게 하는 것이다. 새로 합류한 구성원이 조직의 문화에 익숙해질 수 있게끔 한 명씩 각개 격파가 이루어지는 셈이다. 물론 이 자체도 쉬운 일은 아니다. 이제껏 다른 환경에서 업무를 해왔던 구성원에게 문화적 변화를 유도하는 것은 많은 시간과 노력을 필요로 하기 때문이다.

반대로 단기간에 인력이 급증하면 기존 구성원과 새로 합류한 구성원 간의 문화적 긴장이 형성된다. 채용 속도가 빠르면 새로 합류한 구성원이 조직문화에 익숙해지기 전에 또 다른 구성원이 합류한다. 이렇게 되면 가장 최근에 합류한 구성원은 상대적으로 조직문화의 농도가 옅은 구성원을 통해 조직문화 습득이 이루어지는 셈이다. 이것이 반복되면 기존 구성원 입장에서는 새로 합류한 구성원이 조직의 가치체계를 중히 여기지 않는다 느낄 수 있고, 새롭게 합류한 구성원은 기존 구성원이 지나칠 정도로 조직의 가치체계를 맹신한다 여길 수 있다. 마치 물과 기름이 절반씩 나뉘는 형국이 된다.

조직문화 유지를 위해 사업적 성장을 포기할 수는 없으니 결국 균형 잡힌 규모의 확대가 필요하다. 내부 상황을 검토하여 단계적으로 인력 규모를 늘려가는 것이 바람직하다. 이에 더해서 조직문화를 새로 구성한다는 마음가짐으로 조직문화에 대한 관리 노력도 배로 기울여야 한다. 기존 구성원과 새로 합류하는 구성원 간의 화학적 결합도 당연히 신경 써야 하는 부분이다.

인력 규모가 늘어나면 조직 구조에 대한 고민도 뒤따른다. 당장 목적조직의 유지 여부가 고민될 수 있다. 제품 개발의 방법론 측면에서는 제품의 규모가 커져도 목적조직 수가 증가할 뿐 목적조직의 담당 범위나 규모가 늘어나지는 않는다. 결국 이론적으로는 인력 규모가 커져도 목적조직을 병렬적으로 늘리는 방향으로 조직을 운영할 수 있다. 다만 목적조직의 수가 늘어날수록 협업이나 의사소통 등 조직 운영과 유지에 소모되는 자원은 곱절로 증가한다.

경우에 따라 기능조직으로의 전환을 꾀할 수도 있다. 조직의 속도는 다소 둔화되겠지만 기능조직도 나름의 강점은 있다. 기능 단위로 조직이 구성되기 때문에 조직의 전문성을 향상시키기 용이하다. 뿐만 아니라 소수의 리더로 대규모 인원의 관리가 가능해진다. 높은 수준의 인재밀도를 유지하지 않아도 조직의 운영이 가능해지는 것이다. 다만 목적조직에서 기능조직으로 전환하려면 HR 제도의 개편과 더불어 장기간에 걸친 변화 관리가 동반되어야 한다.

성장이 필요한 부분에는 목적조직을 활용하고, 안정적인 운영이 필요한 부분에는 기능조직을 활용하는 방법을 떠올릴 수 있다. 목적조직과 기능조직의 장점만을 취하겠다는 것인데 자칫 잘못하면 목적조직과 기능조직의 단점만 남을 수 있다. 조직 간 일하는 방식이 다르면 그것을 지원하는 HR 제도 역시 다르게 적용돼야 하는데 동일한 회사 내에서 서로 다른 HR 제도를 운영하는 것은 부담스러운 일이다. 물론 인적, 물적 분할을 통해 완전 다른 회사로 분리된다면 쉽게 해결될 일이겠지만 서로 다른 회사가 된 시점부터 이 논의는 큰 의미가 없어진다.

어릴 때는 마냥 어른이 되고 싶었다. 어쩌면 공부만 하는 것이 지겨워서 그랬던 걸지도 모르겠다. 그런데 나이를 먹어도 공부해야 하더라. 책임져야 할 것이 많아지고 신경 써야 할 일도 많아졌다. 어른이 되는 것은 쉬운 일이 아니지만 그렇다고 언제까지 어리광만 부리고 있을 순 없는 노릇이다. 어쩌겠나, 마주치는 문제를 대면하고 하나씩 해결하면서 살아가는 수밖에.

실체는 없지만 조직 역시 살아있는 유기체다. 조직의 성장 과정에서 겪게 되는 어려움은 일종의 성장통이다. 성장통조차 겪지 못하고 소리 소문 없이 사라지는 스타트업이 훨씬 더 많다는 걸 생각하면 성장통을 겪을 수 있다는 것 자체만으로도 큰 축복이다. 그러니 성장통을 두려워 말고 성장의 아픔을 딛고 보다 성숙한 조직이 되면 된다.

Q

스타트업 HR 직무자는
어떤 역량을 가져야 할까?

학습 능력과 문제 해결 능력.
그리고 조직과 결을 같이하는 HR 철학.

이쯤 되면 스타트업 HR 직무의 중요성에 대해 다들 동의하리라 생각한다. 그럼 스타트업 HR 직무자로 어떤 역량을 가진 후보자를 채용해야 할까? 사실 스타트업 HR 직무자라고 해서 특별한 역량을 필요로 하지는 않는다. 일반적으로 스타트업이 다른 직무의 구성원에게 요구하는 역량과 크게 다르지 않다. 직무 역량을 기본으로 깔고 간다면 HR 직무자에게도 학습 능력과 문제 해결 능력이 가장 중요하다.

스타트업 구성원이라면 누구나 스스로 공부할 줄 알아야 한다. 성장하는 조직의 상황과 외부 환경의 변화에 따라 준수해야 하는 법적 조건이나 다른 제약 사항이 시시각각 달라진다. 경험을 통해 미리 알고 처리할 수 있는 부분도 존재하겠지만, 새롭게 만들어진 규칙이나 상황에 대해서는 그때그때 확인하고 대응하는 수밖에 없다. 스타트업의 다른 직무도 그러하지만 문제에 대한 직접적인 가르침을 얻기는 쉽지 않다. 결국 HR 직무자 역시 스스로 자가발전을 하고 체득하는 역량을 지니고 있어야 한다.

스타트업의 다른 직무처럼 HR 직무 역시 생전 경험해보지 못한 문제를 해결해야 하는 경우가 많다. 업종이나 직무를 막론하고 일부 고경력자에게서 발생하는 문제인데, 특히 스타트업에서 본인이 익숙한 방식만을 고집하면 열에 아홉은 실패할 수밖에 없다. 문제의 양상이 달라졌는데 과거의 답만을 답습하는 것은 정답이 아닐 확률이 높다. 정해진 답을 문제에 끼워 넣는 것이 아니라 문제에 맞는 답을 찾을 수 있는 문제 해결 능력이 중요하다.

다른 직무의 경우 한 조직에 오래 머물러 있어도 상대적으로 다양한 상황이나 문제를 접할 수 있는 기회가 있다. 그러나 HR 직무는 한 조직에 오래 머문다고 해서 역량이 무한정 늘어나지 않는다. 조직에 따라 경험할 수 있는 상황이나 업무가 제한적이고 HR 직무를 바라보는 시야 역시 한정적이다. 지나치게 잦은 이직은 문제가 될 수 있지만 하나의 조직에만 오래 머물렀던 경력도 스타트업 HR 직무자로서는 부적합할 수 있다. 성장하는 스타트업에서는 다양한 문제를 마주하기 때문에 경험의 폭이 넓지 않으면 문제 해결에 어려움을 겪을 수 있다.

나의 선호를 묻는다면 기성기업에서 업무 순환을 통해 다양한 영역의 업무를 배운 HR 직무자 중에 스타트업에서 일하는 방식이나 문화에 대한 이해도가 높은 사람을 추천한다. HR 직무는 업무를 통해 배워야 하는 부분이 많고 기성기업이 아닌 이상 업무를 배우면서 경력을 쌓기는 어렵기 때문이다. 여기에 더해 직무 역량만큼 중요한 것이 스타트업에 적합한지에 대한 판단이다. 요약하자면 HR 직무 역량의 기초가 탄탄하고 문화적합성이 뛰어난 직무자를 채용하면 된다.

조직 전체의 HR을 책임지는 위치라고 한다면 몇 가지 조건이 추가된다. 자신만의 HR 철학과 그것을 그려낼 수 있는 기획 능력이 있어야 하고 개인의 HR 철학은 조직의 철학과 결이 맞아야 한다. 자신만의 HR 철학이 없거나 큰 그림을 그려내지 못한다면 HR 제도 간의 정합성이 사라지고 조직은 외부 요인에 따라 크게 흔들리게 된다.

만약 HR 철학만 있고 그것을 그려낼 능력이 없다면 무의미한 탁상공론에 그친다. 흔히 스타트업의 성공 여부는 아이디어에 의해 좌우된다 생각하지만 그보다 중요한 것이 아이디어를 풀어내고 구현하는 방식이다. 누구나 머릿속에 그럴 듯한 생각을 갖고 있다. 그러나 생각을 실현하는 과정에서 겪을 수 있는 문제점이나 어려움을 해결하지 못한다면 그럴 듯한 생각의 가치를 증명할 수 없다. 다시 말해 실행에 대한 구체적인 계획 없이 입으로만 일하는 HR 직무자는 조직에 해만 끼칠 뿐이다.

HR 철학이 중요한 이유는 HR 직무자가 내리는 결정이 조직의 가치체계나 일하는 방식과 상호작용하기 때문이다. 만약 조직이 추구하는 가치체계 혹은 일하는 방식과 HR 직무자의 HR 철학이 정렬되지 않는다면 양자 간의 엇박자가 발생하고 조직의 성장은 느려진다. 그런데 HR 철학 자체에 대해선 옳고 그름을 말하기 어렵다. 어떤 환경에서 어떤 방식으로 그것을 적용하는지에 따라 그 효용성이 달라지기 때문이다. 결국 개인이나 조직의 입장에서 철학적으로 조화를 그려낼 수 있는 관계가 형성돼야 한다. 다시 말해 철학적으로 궁합이 좋아야 한다는 소리다.

그래서 그런 사람을 어디서 어떻게 구하느냐 물어볼 수 있다. 가장 효과적이고 쉬운 방법은 주위의 믿을 만한 사람으로부터 추천받는 것이다. 필요 이상의 구체적인 조언일 수도 있지만 추천인 역시 HR 직무자면 더 좋다. 직무가 다른 경우라면 상대방의 역량에 대해 정확한 판단을 내리기 어렵기 때문이다. 실제로 직무가 다른 경우 그저 이미지나 개인적인 관계에 의한 비합리적인 추천이 이루어지기도 한다. 이에 더해 후보자가 아닌 추천인의 평판이나 역량에 대한 객관적인 판단도 필요하다. 결국 좋은 사람은 좋은 사람과 어울리기 마련이다.

사실 시장에는 수많은 HR 전문가 호소인들이 있고 그런 상황에서 좋은 HR 직무자를 만나는 것도 어찌 보면 행운이다. 그 행운을 잡으려면 창업자가 HR에 관심을 가져야 하고 적합한 후보자가 나타날 때까지 인내심을 갖고 채용의 눈높이를 항상 높게 유지해야 한다.

LEAN HR

스타트업 HR이 마주하게 될 문제를 해결할 쉬운 길은 없을까?

자신의 문제를 타인에게 맡기지 마라.
목적이 명확하면 해법도 명료해진다.

직전 글에서 스타트업 구성원에게 필요한 역량으로 학습 능력과 문제 해결 능력을 언급했다. 그런데 역설적이게도 최근 스스로 배우고 학습하는 법을 잃어버린 시대가 되었다. 스스로 찾기보다는 남에게 물어보기를 원하고, 문제 해결에 필요한 정보를 묻기보다는 즉각적인 답을 요구한다. 물론 눈앞에 당면한 문제가 누군가 과거에 겪었던 문제와 동일하다면 경험자에게 물어보고 즉각적인 답을 찾는 것이 효과적일 수 있다.

스타트업 HR이 어렵게 느껴지는 것은 기성기업에서는 겪어보지 못했던 문제를 마주해야 하기 때문이다. 경험한 적 없는 문제이니 물어볼 사람이 없고, 물어볼 사람이 없으니 문제 해결이 어렵다. 적어놓고 보니 조금 이상한 구석이 있다. 새로 접한 문제이기 때문에 문제 해결에 어려움을 겪는다고 한다면 이제껏 한 번도 스스로 문제를 해결해본 적이 없다는 소리가 아닐까?

정당한 대가만 지불한다면 조직이 처한 HR 문제를 대신 해결해주는 업체도 있다. 국내외 다양한 HR 컨설팅 회사들이 HR 관련 용역을 제공하고 있다. 개인적으로 HR 컨설팅 업계에 몸담은 경력이 있지만 스타트업의 HR 문제를 해결하는 데 HR 컨설팅이 얼마나 효과가 있을지는 의문이다. 스타트업 혹은 스타트업에서 성장한 회사라면 컨설팅을 의뢰하는 것보다 그 비용으로 뛰어난 HR 직무 전문가를 채용하는 편이 더 효과적일 수 있다.

HR 컨설팅 프로젝트는 보통 3개월 일정으로 진행된다. 3개월 안에 조직 현황 파악부터 최종 보고까지 이루어지는 셈인데 일정만 놓고 보면 매우 빠듯해 보인다. 그럼에도 불구하고 3개월 내에 프로젝트가 종료될 수 있는 것은 컨설팅 업체의 역량이 뛰어나기 때문은 아니다. 과거 수행했던 프로젝트 경험 중 유사한 사례를 바탕으로 약간의 변형을 거친 표준화된 답안을 제시하기 때문이다.

기성기업을 대상으로 할 때는 이런 식의 문제 해결이 유효했다. 다들 비슷한 방식으로 일을 하고 비슷한 문제의식을 공유하기 때문이다. 게다가 HR 컨설팅 업체가 지니고 있는 과거 경험들은 벤치마킹 사례로 활용되었고 고객사에게는 일종의 심리적 안정감을 제공할 수 있었다. 그러나 스타트업은 기성기업과 다르다. 기성기업이 겪은 것과 다른 문제에 직면해 있고 조직이 공유하는 가치나 일하는 방식 역시 전혀 다르다. 설령 같은 문제를 겪고 있다 하더라도 조직의 특성이 다르면 다른 방식으로 접근해야 하는 것이 마땅하다.

여기서 또 다른 문제가 등장한다. 컨설턴트의 대다수는 현장 경험이 없다. 최종 보고서는 매우 그럴듯해 보이지만 현업에서 실제 운영하려고 보면 이것저것 아귀가 맞지 않는 부분이 등장한다. 실제 운영 경험이 없어 제도의 효율성이나 효과성에 대한 판단보다는 표준화된 답안의 실행 가부에 초점이 맞춰져 있는 경우가 많기 때문이다. 기성기업의 HR 운영 업무에 대한 유경험자도 드문데 스타트업 HR에 대한 경험은 전무하다 봐도 무방하다.

과거의 인연으로 스타트업과 관련된 벤치마킹 인터뷰를 한 적이 있다. 시간이 흘러 그 결과물을 받아봤는데 실제와 다른 내용으로 장표가 구성되어 있었다. 스타트업에 대한 이해도가 부족하여 기성기업을 바라보던 시선으로 인터뷰를 재해석한 것이다. 눈, 코, 입이 있기는 한데 그 배치가 잘못된 자화상을 보는 느낌이었다.

결론적으로 스타트업에서 겪는 HR 문제는 스타트업 내부에서 해결하는 것이 가장 바람직하다. HR 컨설팅 업체는 스타트업에 대한 이해도가 낮을 뿐 아니라 3개월 뒤에 떠날 사람들에게 조직의 중대한 문제를 맡기는 것이 오히려 이상한 일이다. 조직에 대한 이해도와 문제 해결의 동기 측면에서만 보더라도 조직 내부의 HR 직무 전문가가 문제를 직접 해결하는 것이 효과적이다.

익숙하지 않아서 그렇지 문제를 해결하는 방법은 그리 어렵지도 특별하지도 않다. 문제 해결 과정에서 제일 먼저 해야 할 일은 목적을 명확하게 하는 것이다. 목적이 명확하지 않으면 중간에 길을 잃기 쉬울 뿐 아니라 목적에 따라 문제 해결의 방향 자체가 달라질 수 있다. 예를 들어 주 52시간 근무에 대한 내부 운영안을 세울 때 그 목적이 관리에 있는 것인지 아니면 주어진 조건 내에서 효율적인 시간 사용을 위한 것인지에 따라 해결 방안이 달라질 수 있다. 만약 관리에 목적이 있다면 시스템과 전결을 정비해야 할 것이고, 효율적인 시간 사용을 위한 것이라면 조직 상황에 맞는 유연근로제를 검토해야 할 것이다.

목적이 명확해지면 그다음 할 일은 문제에 집중하는 것이다. 문제의 근본적인 원인을 파악할 수 있으면 답을 내는 것은 그리 어려운 일이 아니다. 대부분의 경우 문제 속에 답이 있기 때문이다. 겉으로 드러나는 현상은 원인이 아닌 결과일 확률이 매우 높고 현상의 완화는 문제 해결에 전혀 도움을 주지 못한다. 예를 들어 주 52시간 초과의 위험이 있다고 했을 때 근본적인 원인을 파악하지 않고 단순히 근무 시간만 관리하려고 든다면 줄어드는 근무 시간에 비례하여 조직의 속도나 성장은 둔화될 수밖에 없다. 주 52시간 초과의 위험은 업무 대비 인원이 부족한 탓일 수도 있고, 채용이 잘못 이루어져서 업무 대비 역량이 부족한 탓일 수도 있는데 말이다.

원인에 대한 해결 방안을 도출할 때 염두에 둬야 할 몇 가지 기준이 있다. 도출한 해결 방안이 단기적인 관점에서 문제 해결에 효율적인지 판단해야 한다. 해결 방안의 효율성을 판단하는 방법은 방안의 특성에 따라 다를 수 있다. 제도의 수혜 범위를 검토해야 할 수도 있고 제도 실행의 편의성을 고려해야 할 수도 있다. 단, 효율성을 판단함에 있어 염두에 둘 것은 검증의 기준점이 구성원 평균이 되어서는 안 된다는 것이다. 통계가 그러하듯 평균에는 함정이 존재한다.

제도의 실효성이나 효율성을 검토할 때 가능하다면 발생할 수 있는 양극단의 상황을 고려하는 것이 효과적이다. 구성원이 직접적으로 참여하거나 활용하는 HR 제도를 기획할 때 주로 발생하는 상황인데 평균적인 구성원의 모습을 상정해서 제도의 실행 가부를 판단하는 경우가 있다. 만약 평균을 상정하고 제도를 기획하면 어느 한쪽 방향으로 갈수록 해당 영역의 구성원은 HR 제도에 대한 참여나 실행에 어려움을 겪게 된다. 제도의 실효성이나 효율성을 검토할 때는 제도의 최약자들도 원활히 사용할 수 있는지 여부를 파악해야 한다.

장기적인 관점에서는 해결 방안이 조직에 해를 끼치면 안 된다. 그런 상황이 벌어지는 것은 달갑지 않지만 두 가지 방안의 장단을 고려하여 하나의 안을 택해야 하는 상황이 분명 존재한다. 결국 단점이나 피해를 최소화하는 방향으로 의사결정이 이루어져야 할 텐데 단점이 미칠 수 있는 영향의 범위를 미래까지 확장해서 고려해야 한다. 간혹 눈앞 문제를 해결하기 위해 일단 퍼주는 식의 대응을 하는 경우가 있다. 물론 구성원의 요구나 불만은 단기간에 잠재울 수 있을지 몰라도 이는 미래를 담보로 현재의 문제를 뒤로 미루는 것에 불과하다. 아니, 오히려 더 큰 문제로 작은 문제를 덮는 격이다.

하늘은 스스로 돕는 자를 돕는다고 했다. 문제에 대해 고민하는 과정이나 해결 방안을 다른 이들에게 전달하고 그들의 공감을 얻는 과정은 분명 귀찮고 어려운 일이다. 그렇다고 해서 어려운 문제를 마주할 때마다 남의 손을 빌릴 수는 없는 노릇이다. 문제의 근원에 집중하고 회사의 가치체계와 일하는 방식을 지원할 수 있는 해결 방안을 모색하다 보면 반드시 원하는 답을 찾을 수 있을 것이다.

스타트업의
성장에 대하여

"형법 제9조(형사미성년자)

14세되지 아니한 자의 행위는 벌하지 아니한다."

촉법소년은 범행 당시 형사책임 연령인 만 14세가 되지 아니한 소년 범으로 대한민국 소년법에서는 '형벌 법령에 저촉되는 행위를 한 10 세 이상 14세 미만인 소년'을 말한다. 최근에는 이러한 촉법소년이 사 회적 문제로 대두되고 있는데 촉법소년이 저지르는 범죄의 죄질이 좋 지 않을 뿐 아니라 재범률 또한 높아지고 있기 때문이다. 이에 촉법소 년의 기준 연령을 낮추거나 극단적으로는 소년법을 폐지하라는 목소 리까지 나오고 있다.

성장 단계에 따라 법의 적용을 달리 하는 것은 비단 개인에게만 이루 어지는 일은 아니다. 근로기준법은 대한민국에서 사업을 하는 기업이 라면 누구나 준수해야 하지만 기업 성장 단계에 따라 적용 기준이 다 르거나 유예 기간이 존재하기도 하고 심지어 어떤 경우에는 관행적으 로 문제 삼지 않고 넘어가기도 한다. 여기에서는 촉법기업이라고 볼 수 있는 스타트업에서 흔히 나타나는 착각과 실수에 대해 언급하려고 한다.

멀지 않은 과거만 하더라도 많은 스타트업이 회사에 적합한 인재를 가려내기 위해 높은 기준으로 수습 제도를 운영했고 그 과정에서 적지 않은 직원들에게 이별을 고했다. 심지어 수습 기간이 지났음에도 더 이상의 동행이 어렵다는 판단 아래 회사가 일방적으로 계약 관계의 종료를 통보하는 것도 어렵지 않게 볼 수 있었다. 기성기업의 HR을 경험해본 사람이라면 대한민국의 노동 환경에서 이것이 얼마나 이상하고 어려운 일인지 알 것이다.

이러한 일이 가능했던 것에는 몇 가지 요소들이 복합적으로 작용했다. 코로나 같은 외부 요인에 따라 양적 완화가 이루어졌고 시장에 풀린 막대한 자본이 다양한 투자 시장으로 흘러 들어갔다. 스타트업에 대한 투자 역시 활발해졌고 한국에서도 많은 유니콘 기업이 탄생할 수 있었다. 이때만 하더라도 주요 직무에 대한 수요가 공급을 상회했다. 이러한 상황에서는 수습 제도나 합의 퇴사 제도를 운영하기 쉽다. 직원 입장에서도 재취업이 용이했기 때문이다. 다시 말해 수요 중심의 일종의 고용 유연화가 이루어진 셈이다.

그러나 시장이 변하면서 투자 심리가 위축되고 스타트업의 옥석 가리기가 시작되었다. 외부 투자를 통해 런웨이를 이어가던 수많은 스타트업이 긴축 정책을 택하면서 자연스레 채용 시장은 얼어붙었다. 수요 중심의 고용 유연화가 끝난 상황에서 예전처럼 진행되던 수습 제도와 긴축 정책에 따른 권고 사직에도 제동이 걸렸다. 그리고 여기저기에서 부당 해고에 대한 다툼이 점점 증가했다.

물론 인력에 대한 수요 공급만이 모든 것을 설명해주지는 않는다. 채용 시장이 얼어붙은 상황에서도 여전히 규모가 작은 스타트업에서는 상대적으로 쉬운 이별이 이루어지고 있다. 첫 번째 이유로 초기 스타트업 구성원의 성향을 들 수 있다. 초기 스타트업에 합류하는 사람들은 직업의 안정성에 대해 일반적인 구직자보다 덜 민감한 편이다. 두 번째, 같은 문제가 발생한다 하더라도 규모가 작은 스타트업일수록 사회적 파장이나 영향력이 적다. 이러한 이유로 인해 상대적으로 작은 스타트업일수록 수습 탈락이나 권고 사직이 쉽게 진행되곤 한다.

문제는 회사가 조금 성장했을 때부터 발생한다. 회사가 어느 정도 궤도에 오르면 회사의 성장 가능성과 더불어 직업의 안정성까지 고려하는 이들이 조직에 합류한다. 회사의 대중적 인지도 역시 과거보다 높아질 가능성이 크다. 이러한 상황에서 예전처럼 쉬운 이별을 택하는 경우 과거에는 겪어보지 못한 저항을 마주할 수 있다.

대개는 이러한 상황에서도 근로기준법 준수를 말하는 이들을 조직의 성공을 가로막는 보수적인 목소리로 몰아세우곤 한다. 그때는 되고 지금은 왜 안 되냐고 외치면서 말이다. 엄밀히 말하면 그때도 해서는 안 되는 일이었다. 다만 앞서 언급했던 것처럼 여러 가지 요인들로 인해 그 행위가 용인되었을 뿐이다. 너무나 당연하게도 어떤 행위를 용인함에 있어 그 주체는 행위의 당사자가 아니라 그 행위를 판단하는 사람이다. 다시 말해 예전에는 크게 문제 삼지 않았던 일들도 회사가 성장하면 문제가 될 수 있다는 뜻이다.

수습 탈락이나 권고 사직을 대표적인 예로 들었을 뿐 적지 않은 수의 스타트업이 근로시간 관리와 연장근로수당 체불 등 다양한 형태의 잠재적 노무 문제를 안고 있다. 촉법기업의 단계를 넘어서는 순간 발생한 노무 문제를 책임져야 하고, 결정적인 순간 노무 문제로 발목을 붙잡히지 않으려면 성장과 동시에 근로기준법에 대한 준수를 고민해야 한다.

혹자는 용인될 수 있는 촉법기업의 기준이 무엇이냐 물어볼 수 있다. 해당 질문에 대해 뭐라 답하기 어렵다. 어떤 산업군에 있는가, 어떤 사람을 채용했는가, 누적된 노무 문제가 얼마나 많은가 등에 따라 달라질 수 있어서다. 운이 좋으면 1000명이 넘는 규모가 될 때까지도 심각한 노무 문제를 경험하지 않을 수 있고, 재수가 없으면 100명도 되지 않는 상황에서 회사의 명운을 건 노무 문제를 맞닥뜨릴 수 있다. 결국 공식적인 답변은 기업 규모에 따라 적합한 근로기준법을 준수하라는 것이다.

어린 시절 법적 의무나 규제에서 자유로운 시기가 있었다고 성인이 되어서도 촉법소년의 지위를 주장할 수는 없다. 기업도 마찬가지다. 스타트업은 생존을 위해 혹은 가파른 성장을 위해 적법과 위법 사이의 아슬아슬한 줄타기를 할 수도 있고 어쩌면 해야만 할 수도 있다. 다만 유니콘이 되고, 데카콘이 되고 싶다면 기업이 성장하는 만큼 법률

적으로나 사회적으로 지켜야 할 의무와 규제에 대해서도 책임감 있는
모습을 보여야 한다는 것을 잊지 말아야 한다.

9

HR 직무

Q

욕먹지 않는 HR이
존재할 수 있을까?

욕먹지 않는 HR은 없다.
단, 욕 '만' 먹어서는 안 된다.

HR처럼 조직의 존재 자체가 역할로 규정되어 있는 단일 기능조직에서는 목적조직에서 활용하는 OKR 방식의 적용이 비효율적이다. 간혹 분기나 반기 단위로 집중해야 할 단발성 업무들이 존재하나 이러한 일이 매분기 두세 개의 Objective로 관리될 만큼 흔하진 않다. OKR을 고민하는 그 과정 자체에 의미가 있을 수 있겠지만 효율성을 고려한다면 일을 위해 일을 만든다고밖에 생각되지 않는다.

HR 조직에서 OKR을 설정하는 것이 비효율적임에도 전사 차원에서 하달하여 OKR 작성을 강요받을 때가 있다. 보통 동봉된 OKR 작성 가이드에서 Objective는 '달성하기 어렵지만 가슴 떨리는 목표'로 설정하라는 안내를 제공한다. 그럴 때마다 진담 반 농담 반 섞어 다음과 같은 의견을 제시하곤 했다.

"욕먹지 않는 HR이 되기"

HR 직무가 어려운 것은 근로자이면서 동시에 사용자의 입장을 대변해야 하는 특수한 직무이기 때문이다. 구성원의 요구나 요청을 다 반영하면 구성원 만족도는 올라가겠지만 조직의 자원 배분이나 운영에 비효율을 초래해 조직을 위태롭게 만들 수 있다. 반대로 회사의 입장만 반영하여 정책을 결정하면 자칫 구성원의 만족도 저하로 이어져 중장기적으로 채용 브랜딩에 악영향을 끼칠 수 있다. 다소 과장된 표현이지만 HR은 '균형을 수호'해야 하는 막중한 책임을 지고 있다.

균형의 수호자 같은 멋있어 보이는 표현을 썼지만 중간에 끼인 입장은 고달픈 경우가 더 많다. 구성원 입장에서는 요구나 요청을 해결해주지 못한다 생각할 것이고, 회사 입장에서는 요구나 요청만 하는 직무 정도로 인지되기 십상이다. 양쪽 모두를 만족시키면 좋겠지만 현실적으로 양쪽 모두에게 욕먹는 구도를 벗어나기 어렵다.

일반적으로 기성기업의 경우 HR 직무자에게 의사결정 권한이 없고 HR 결정의 상당 부분이 경영진이나 지주사에 의해 시혜적으로 이루어진다. 기성기업 HR 직무자는 결정된 사안을 이행하고 그것을 구성원에게 전달하는 역할을 주로 수행한다. 대리인 역할을 하다 보니 경영진에게 욕을 먹는 경우보다 구성원에게 욕을 먹는 경우가 더 많다.

간혹 이 과정에서 납득하기 어려운 일이 벌어지기도 한다. 구성원에게 호의적인 의사결정만 선택적으로 대표이사 혹은 담당 임원이 직접 공지하는 경우다. '이건 말하기 좋으니까 대표님이 직접 하시라'는 멘트와 함께 일종의 의전이 이루어지는 셈이다. 당연히 나머지 좋지 않은 이야기를 전달하는 건 HR 직무자의 몫으로 남는데 이는 조직 운영에 있어 그리 좋은 방식은 아니다.

회사의 사정에 따라 인사적으로 좋지 않은 이야기를 전달해야 할 때가 있다. 문제는 특정 개인의 인기도를 높이기 위해 HR이 나쁜 경찰역할만 한다면 당연히 HR에 대한 구성원의 신뢰는 떨어진다. 이런 과정이 되풀이되면 HR에 대한 신뢰 자원은 바닥나고 선의에서 출발한인사적 결정에 대해서도 구성원은 색안경을 끼고 바라보게 된다.

그런데 HR 주도로 이루어지는 일의 상당 부분은 구성원의 협조와 참여로 완성된다. 만약 신뢰 자원이 사라지면 구성원의 자발적인 참여나 호응도 기대하기 어렵다. 특히 일하는 방식이나 조직문화의 개선을 위한 활동처럼 그 성과가 가시적이지 않고 즉시 나타나지 않는 경우라면 더더욱 구성원의 자발적인 변화를 이끌어내기 어렵다.

HR이 사용자와 근로자 사이의 균형을 유지한다는 것은 달리 말하면 그 둘 사이 접점 역할을 한다는 것이다. 그런 상황에서 HR에 대한 신뢰 자원이 무너지면 사용자와 근로자 사이의 중요한 가교가 무너져버리는 것과 다를 바 없다. 우스갯소리를 조금 섞어 구성원은 HR을 사용자 편에 있는 프락치 정도로 인지하고 있는데, 얼마 남지도 않은 신뢰 자원까지 소모된다면 그 누구도 HR에게 의미 있는 목소리를 들려주지 않을 것이다. 소통이 이루어지지 않으면 조직은 점점 더 경직될 수밖에 없다.

결국 구조적으로 욕먹지 않는 HR은 존재하기 힘들지만 욕만 먹는 HR이 되어서는 조직이 건강할 수 없다. 물론 그렇다고 욕이 꼭 나쁜 것은 아니다. 그런 방식이라도 조직에 관심과 애정을 표현해주는 것은 고마운 일이다. HR 입장에서도 구성원의 요구나 불만을 알아야 조직을 좋은 방향으로 변화시킬 수 있으니 말이다. 악플보다 무서운 것이 무플이라고 했던가. 진짜 HR이 망한 조직에서는 욕도 하지 않는다. 애초부터 아무런 기대가 없기 때문이다.

당신이 다니는 회사의
HR은 정말 무능할까?

무능한 HR은 없다.
무능한 지시와 결정만 있을 뿐이다.

살면서 억울한 경우 중 하나가 하지 않은 일로 인해 욕을 먹거나 혹은 그 일에 대한 책임을 져야 하는 경우다. 이유 있는 불만이나 욕은 기분이 나쁘더라도 개선이나 발전의 밑거름으로 삼을 수 있다. 업무 관련해서 들었던 말 중 가장 납득하기 어려웠던 것이 '우리 HR이 무능하다'는 것이었다. 그 얘기를 직접 들었을 때는 귀를 의심할 정도로 당혹스러웠지만, 지금은 아무렇지도 않다. 사실 그건 HR의 무능이 아니었기 때문이다.

HR의 무능은 사실 경영진, 다시 말해 담당 임원의 무능일 확률이 매우 높다. 근원적인 무능이 어느 쪽에 있는지 확인하는 방법은 간단하다. 의사결정의 크기나 권한이 어디에 있는지 보면 된다. 대다수 기성기업에서 HR 사안에 대한 결정권은 HR 직무자에게 있는 것이 아니라 HR이 속한 조직의 담당 임원에게 있다. 특히 구성원의 피부에 직접적으로 닿는 금전적 혹은 비금전적 보상에 대한 결정은 십중팔구 경영진에 의해 이루어진다. HR 직무자에게 의사결정 권한이 없는 상황에서 경영진의 의사결정이 문제가 되었을 때 그에 대한 책임을 HR 직무자에게 묻는 것은 이치에 맞지 않다.

임원의 무능을 탓하면 혹자는 임원을 설득하지 못한 HR의 역량을 책잡을 수 있다. 그런데 조금만 생각해봐도 설득 부족의 논리가 얼마나 이상한지 알 수 있다. 어떤 분야에 대해 의사결정 권한을 가지려면 그 분야에 대한 전문성을 가져야 하는 것이 당연하다. HR 직무자가 처음부터 잘못된 안을 제시했다면 모를까, HR 직무자가 자신의 의견을 관철시키지 못한 것까지 HR 직무자의 탓으로 돌리는 것은 어불성설이다. 설령 HR 직무자가 잘못된 의견을 가져갔더라도 그것을 바로잡고 옳은 결정을 내리는 것이 의사결정권자에게 기대하는 역할이다.

간혹 HR 담당 임원 중 너무나도 당당하게 HR에 대해 잘 모른다고 말하는 이가 있다. 그들이 표하는 무지의 고백은 사실 겸양이 아니라 면피를 위한 일종의 밑밥 작업 같은 것이다. 잘못된 의사결정은 무지한 자신을 설득하지 못한 HR 직무자의 탓이라는 것이다. 이 역시 말도 안 되는 소리다. 의사결정권자라면 해당 영역에 대해 알아야 하는 것이 당연하다. 자신의 의사와 무관하게 HR을 담당했더라도 모르면 배워야 하고 자신 없으면 의사결정 권한을 이양해야 한다. 그런데 보통 모른다고 말하는 이들의 상당수는 배우려는 의지가 없을 뿐 아니라 잘 모르는 사안에 대해 고집대로 의사결정을 내린다.

의사결정 권한이 중요한 또 다른 이유는 유능과 무능을 가르는 기준 중 하나가 적시성이기 때문이다. 보통 주어진 시간 안에 혹은 빠른 시간 안에 업무를 수행하면 유능하다 평가받는다. 그런데 의사결정 권한이 없다면 실무자 선에서 업무를 종결할 수 없다. 구성원 중 하나가 사소한 HR 사안에 대해 질의를 했을 때도 HR 직무자에게 의사결정 권한이 없다면 '확인 후 회신 드리겠습니다' 정도의 응대밖에 할 수 없는 것이다.

의사결정 권한이 없는 HR 직무자는 결국 임원에게 해당 사안에 대한 의사결정을 요청해야 한다. 그리고 의사결정을 '설득'하기 위해 불필요할 만큼의 방대한 보고서 작성에 많은 시간을 써야 한다. 대면 보고를 고집하는 분이라면 대기 번호 발급에도 시간이 소요된다. 의사결정이라도 빠르게 나면 다행인데 올라간 보고서에 대해 몇 달이 지나도록 의사결정이 내려지지 않으면 HR 직무자 입장에서 할 수 있는 것은 아무것도 없다.

물론 무능한 HR 직무자도 많다. 충분한 의사결정 권한이 있음에도 그 권한을 활용하지 않거나 잘못된 방향으로 조직을 이끄는 이들이 그렇다. HR 직무자로서 사안에 대해 최선의 판단을 고민하는 것이 아니라 임원 의중 파악에 몰두하는 사람들이 있다. 이런 이들은 의사결정 권한이 주어져도 권한의 활용을 주저한다. 본인 결정에 대한 확신이 없으니 실질적으로 의사결정 권한을 반납하는 셈이다.

이에 더해 조직 상황에 대한 이해와 고민 없이 남들이 하던 대로 혹은 예전에 했던 대로 업무를 수행하는 HR 전문가 호소인의 비율도 적지 않다. 그런 이들은 보통 시장에 떠도는 수많은 컨설팅 보고서를 짜깁기해서 의미 없는 보고서를 재생산한다. 그 배경이나 맥락에 대해선 무관심한 채 그저 보고서를 썼다 혹은 제도를 만들었다는 것에 집중하는 사람들 말이다. 예전에는 그런 방식의 업무 수행이 통했을지 몰라도 시대가 많이 바뀌었다. HR 직무자 역시 계속 배우고 경험해야 한다.

조직을 쌓아올리는 것은 어려워도 무너지는 것은 순간이다. HR 직무자에 대한 신뢰를 쌓기 어려우니 의사결정에 있어 보수적으로 접근하는 것도 이해하지 못하는 바는 아니다. 그러나 그럴수록 의사결정권자가 HR에 대해 더 잘 알아야 한다. 좋은 HR 직무자와 HR 전문가 호소인을 구분하려면 옥석을 가릴 수 있는 최소한의 안목은 있어야 하기 때문이다. 믿지 못하겠다고 해서 모든 것을 다 통제하려는 것도 그리 현명한 판단은 아니다.

최근 한국에서도 많은 유니콘 기업이 탄생하고 있지만 아직까지도 스타트업 HR은 과도기를 거치고 있는 듯하다. 참고할 만한 좋은 사례가 없다 보니 조직의 일하는 방식은 바뀌었음에도 불구하고 HR은 여전히 기성기업의 옷을 입고 있는 경우가 많다. 안타깝게도 현재로서는 스타트업에 적합한 HR 전문가의 수가 부족한 것이 현실이다. 다소 시간은 필요하겠지만 좋은 사례와 경험이 쌓이면 HR 역량에 대한 문제는 해결되지 않을까 싶다. 그때가 언제 올지 알 수 없지만 유능한 HR 직무자가 늘어나서 우리 회사의 HR은 유능하다고 말하는 경우가 더 많아졌으면 하는 바람이다.

LEAN HR

나가며

남들보다 운이 조금 더 좋았기에 다양한 경험을 할 수 있었다. 그 과정에서 존경할 만한 동료들을 많이 만났고 그들을 통해 많은 것을 배웠다. 지금의 책은 그간 HR 직무를 해오면서 보고 배우며 생각한 것들을 정리하고 연결한 것에 불과하다.

다양한 주제를 다루다 보니 어떤 부분에서는 배경이나 맥락의 설명이 부족했을 수 있고 단정적으로 논의를 진행한 부분도 있다. 스타트업 HR을 바라보는 하나의 관점을 제시한 것이지 이것이 정답이라고 생각하지는 않는다. 화두를 던진 것일 뿐 더 좋은 의견과 대안으로 발전했으면 한다.

이 책을 계기로 좋은 HR 직무자가 많아지고 그로 인해 구성원이 다니기 좋은 회사가 늘어나길 바란다. HR 직무의 중요성과 가치가 높아지면 HR 직무에 대한 관심이 높아질 것이고, 좋은 HR 직무자의 수요도 많아질 테니 말이다. 책 한 권에 너무 많은 것을 바라는 것이 아닌가 싶긴 하면서도 어쨌든 선순환이 이루어지기를 기대해본다.

길다면 길고 짧다면 짧은 글들이 끝이 났다. 아무래도 마지막은 감사 인사로 마무리해야 하지 않을까 싶다. 부족한 글을 끝까지 함께해준 독자에게 감사의 말을 올린다.